DISSERTATION

QUI PROUVE

QUE LE FRANC-ALEU

NE PEUT ÊTRE ADMIS SANS TITRE

DANS LA COUTUME

DE VITRY.

A PARIS,

Chez MESNIER, Imprimeur Libraire, ruë Saint Severin, au Soleil d'Or.

M. DCC. XLV.

DISSERTATION

QUI PROUVE

QUE LE FRANC-ALEU

NE PEUT ÊTRE ADMIS SANS TITRE

DANS LA COUTUME

DE VITRY.

LA Coutume de Vitry régit une grande partie de la Province de Champagne : elle comprend ſept Bailliages Royaux ; ſçavoir, Vitry, Château-Thierry, Chatillon-ſur-Marne, Epernay, Fiſmes, Sainte-Manehould, & Saint-Dizier ; elle comprend auſſi trois autres Bailliages aſſez conſidérables, & dont les appels reſſortiſſent immédiatement au Parlement ; ſçavoir, Rumigny, Rethel-Mazarin, & Vertus.

Cette Coutume fut rédigée le 6 Octobre 1509 à l'Aſſemblée des trois Etats convoqués à Vitry. Pluſieurs diſpoſitions générales qui en écartoient toute idée d'allodialité ou de franchiſe, furent approuvées par les trois Etats ; mais il s'éleva des difficultés ſur une diſpoſition particuliere à laquelle le tiers-Etat ne voulut pas conſentir, parce qu'il avoit projetté d'en ſubſtituer adroitement une autre pour la franchiſe. Cela détermina Meſſieurs les Commiſſaires à renvoyer le différend en la Cour.

Depuis 1509, quelques Seigneurs dont les Auteurs avoient accordé des affranchiſſemens, ſe ſont bornés aux droits qu'ils avoient ſur le reſte de leurs Territoires. Quelques autres qui avoient des titres & des reconnoiſſances du Cens univerſel, ont crû n'avoir pas beſoin de la Loi municipale, elle leur eſt devenue indifférente ; mais le plus grand nombre des Seigneurs a perſiſté à ſoutenir que la Coutume n'étoit point allodiale, parce qu'elle ne renfermoit aucune diſpoſition qui établit le Franc-Aleu ſans titre.

A l'égard des gens du tiers-Etat, la conduite des uns a été auſſi fort différente de celle des autres ; dans quelques Bailliages ils ont reconnu la Cenſive générale & coutumiere, dans les autres ils ont été diviſés : les uns ont déferé volontairement aux Droits des Seigneurs ; les autres ont penſé que les affranchiſſemens accordés par les Seigneurs pour certaines portions de terres, devoient rendre toutes les autres libres, & que la condition de tous les héritages devoit être la même. Ils ont ſoutenu que la Coutume étoit allodiale, parce qu'elle ne renfermoit pas, ſelon eux, des diſpoſitions préciſes pour établir la Cenſive univerſelle.

De-là cette quantité de Procès qui ſe ſont élevés depuis la rédaction de la Coutume juſques en 1743, de-là cette diverſité dans les moyens qui ont été propoſés dans les eſpeces jugées par les Arrêts ; mais ce que l'on remarque dans ces eſpeces, eſt que les Seigneurs qui avoient eu ſoin de s'attacher au véritable caractére de la Coutume, ont toujours réuſſi, au lieu que ceux qui avoient négligé d'invoquer cette Loi municipale pour s'en tenir à leurs titres particuliers, ont été reſtraints dans les bornes que ces Titres leur preſcrivoient.

Les Gens du tiers-Etat, plus attentifs à la différence des évenemens, qu'à celle des motifs & des circonſtances, ont crû pouvoir en profiter pour faire revivre en 1743 la queſtion d'allodialité, ou non allodialité de la Coutume, quoique jugée & décidée par quantité d'anciens Arrêts, & par plusieurs tous récens; leurs clameurs ont déterminé le Roi à nommer des Commissaires pour entendre les trois Etats sur les articles de la Coutume, qui étoient les prétextes de leurs contestations.

Les Lettres Patentes sont du 27 Juillet 1743; leur véritable objet est de déterminer la qualité de cette Coutume, & de faire interpréter en termes clairs & précis les articles qui peuvent paroître obscurs ou ambigus; mais comme les dires & les suffrages des Parties intéressées étoient trop suspects pour pouvoir servir de base à une saine décision, le Roi a réservé à la Cour le Jugement d'une affaire aussi importante sur toutes les preuves, les raisons & les moyens qui seroient capables de faire connoître le véritable caractére de la Coutume, & de concourir à en interpréter les dispositions.

Les mesures que les Gens du tiers-Etat avoient prises, les ligues qu'ils avoient formées avant le Procès verbal qui s'est fait à Vitry en 1744, & la conduite qu'ils ont tenue pendant le tems de ce Procès verbal, font sentir combien il auroit été dangereux de déférer à leurs déclarations au préjudice des Seigneurs. La diversité des opinions, la contrariété des avis, *même dans le tiers-Etat*, la disparité du nombre des Seigneurs, & de celui des Gens du tiers-Etat, l'évidence des intérêts opposés, la situation critique du lieu où l'Assemblée a été tenue, le tems qui s'est écoulé depuis le Procès verbal de 1509, enfin l'impossibilité dans laquelle a été un grand nombre de Seigneurs de se faire entendre, tout concourt à persuader qu'il faut puiser dans des sources plus pures que dans des déclarations concertées, pour trouver les motifs d'une juste décision.

La question est de sçavoir si le Franc-Aleu doit être admis sans Titre dans la Coutume de Vitry, ou s'il ne doit y être admis qu'en faveur de ceux qui sont en état de le justifier.

Pour résoudre cette question, l'importance de la matiere semble exiger que l'on remonte d'abord à l'origine du Cens, & à celle du Franc-Aleu, ce sera le sujet du premier Chapitre dans lequel on prouvera qu'il n'y a aucun Franc-Aleu dans les Païs Coutumiers qui ne soit de concession, & que les affranchissemens accordés par les Seigneurs de la Province de Champagne, ne l'ont été que pour la main-morte personnelle, & *sous la réserve du Cens, & d'autres Droits réels & services personnels.*

Le Droit général & Coutumier de la France ne mérite pas moins de considération : on examinera dans le Chapitre second ce qui peut en résulter pour la Coutume de Vitry.

Les anciennes Coutumes de la Province de Champagne, & les anciennes Ordonnances des Rois, qui ont conservé les Seigneurs de cette Province dans leurs Droits, méritent encore d'être consultés : on verra dans le Chapitre troisiéme si elles sont favorables au systême de l'allodialité.

Plusieurs textes de la Coutume de Vitry rédigés *sans contestation*, en 1509, prouveront dans le Chapitre quatriéme qu'il est impossible de douter de l'assujettissement général des héritages.

Les Lettres de Terrier de la Province de Champagne fourniront un moyen particulier qui sera établi dans le Chapitre cinquiéme.

On prouvera dans le Chapitre sixiéme que les suffrages des Auteurs qui ont parlé de la Coutume de Vitry, ou qui ont indiqué la route la plus sûre pour décider de la franchise ou de la censualité d'une Coutume, s'élevent contre la prétention du tiers-Etat.

Enfin dans le Chapitre septiéme, on fera voir que la Jurisprudence des Arrêts a établi la censualité universelle en conformité des principes, & suivant la lettre & de l'esprit de la Coutume.

Ces sept Chapitres composeront la premiere partie.

Dans la seconde, on fera connoître les erreurs de droit & de fait qui se sont glissées dans les Mémoires du tiers-Etat; & après avoir démontré combien ses efforts sont impuissans, on conclura du tout avec sécurité que ce n'est point par les dires des Parties, mais par les principes & par les moyens de droit que la question doit être décidée; & que suivant ces principes, & ces moyens, la censualité de la Coûtume est incontestable.

PREMIERE PARTIE.

La Coutume de Vitry n'eſt point allodiale, & le Franc-Aleu ne peut y être admis ſans Titres.

Les preuves de cette Propoſition ſont établies par les ſept Chapitres ſuivans.

CHAPITRE PREMIER.

De l'origine du Cens, & de celle du Franc-Aleu dans les Païs Coûtumiers.

L'Etabliſſement du Cens eſt extrêmement ancien. L'Hiſtoire nous apprend qu'il fût fait par Servius Tullius ſixiéme Roi de Rome, qui ordonna pluſieurs Claſſes, & ordres du Peuple, pour faire une diſtribution proportionnée des Charges publiques ſur chaque Particulier ſelon ſes facultés.

Les Romains ayant ſecoué le joug de la puiſſance Royale, établirent des *Cenſeurs* dont l'office duroit pendant un Luſtre, c'eſt-àdire cinq ans. La premiere création fut en l'an 311 de la fondation de Rome. Ces *Cenſeurs* étoient prépoſés à l'examen des Facultés de chaque citoyen, pour impoſer la preſtation cenſuelle. *

* Elle étoit dénommée, *Cenſus*.

Dans la ſuite les Romains ayant fait de grandes conquêtes, & ayant ſoumis un grand nombre de peuples, ils diſtinguerent les terres d'Italie de celles des Provinces qu'ils avoient conquiſes.

Ils poſſedérent celles d'Italie comme un bien qui leur étoit abſolument propre, & dont chacun d'eux en particulier pouvoit diſpoſer à titre de proprieté, *optimo jure*, parce que du tems de la République, toute l'autorité Souveraine réſidant dans le corps du Peuple, ce qui appartenoit à chacun des particuliers, dont le Peuple étoit composé, étoit censé jouir de la même liberté & de la même indépendance, que ce qui forme aujourd'hui le Domaine du Souverain dans notre état Monarchique.

A l'égard des terres des Provinces, & sur-tout de celles qui avoient été conquises par la force des armes, les Romains les regardoient comme acquises à la République. De telle maniere néanmoins, qu'en se réservant pour elle-même une portion de terres assez médiocre, & en réservant sur tout le surplus une proprieté superieure & directe, *Supremum Dominium*, elle laissoit à chaque particulier la proprieté immédiate & utile; mais à la charge d'acquitter une prestation annuelle,* qui étoit la marque de cette subordination des propriétés privées envers la proprieté supérieure, dominante & universelle qui demeuroit toujours à la République où à l'Empire.

Ce genre de redevance étoit appellé *Census* * il consistoit où en deniers, où en une partie des fruits de la terre, & cette prestation formoit un des revenus de la République ou de l'Empire dans les Provinces, & elle étoit employée de-même que la contribution du peuple Romain, aux charges publiques & aux besoins de l'état.

* Voyez Coquille, tom. 2. Chap v. des Censives. Loiseau, traité des Seigneuries, chap. premier, n. 69. 70 & 71. Taisand sur l'art. premier du titre 11. de la Cout de Bourg.

* Voyez le tit. du digeste, *de Censibus*.

Lorsque les Gaules passerent sous la domination des Romains, elles étoient divisées en un grand nombre de Cités; on entendoit sous le nom de *Cité*, non-seulement le chef-lieu d'une Contrée, mais aussi la Contrée entiere qui ressortissoit à ce Chef-lieu: chacune de ces Cités formoit un corps à part, régi par un certain nombre de Citoyens, sur lesquels rouloit toute l'administration.

Les Romains ne priverent point les Cités des Gaulois de cet avantage de se gouverner par elles-mêmes: c'est-à-dire, par leurs propres Magistrats, quant à la Police interieure & à la Jurisdiction immédiate dans l'étendue des limites que chacune de ces Cités s'étoit formées; mais ils préposerent des Officiers supérieurs qui veilloient à ce qu'il ne se passât rien dans chacun de ces gouvernemens particuliers, qui ne fût conforme à la Police génerale, aux interêts de la république, & à l'aurité Souveraine, soit en concourant avec les Officiers municipaux à l'administration immédiate, soit en exerçant un droit de protection ou de ressort au nom de l'Empire.

Quant au service militaire, il se faisoit presque toujours par les propres Troupes de la République; les Légions Romaines résidoient dans les Provinces pour faire ce service; l'on assignoit à chacun des soldats qui composoient ces légions, une partie des terres que la République s'étoit réservée en propre, singulierement sur les confins des Provinces, cet assignat leur servoit de solde.

Les besoins de l'Empire s'étant augmentés & n'ayant pas permis de se contenter des revenus des terres que la République faisoit valoir par les mains de ses Esclaves, & du produit du cens annuel qu'elle retiroit de ceux qui possedoient en propre le surplus des terres des Provinces, on eut recours à deux sortes d'Impôts, l'un qui se levoit sur les personnes sous le titre de Capitation, l'autre qui se percevoit sur les Marchandises qui passoient d'une contrée dans une autre, sous le titre de péages, transports, ou passages.

Ainsi les droits de l'Empire sur les Gaules consistoient, 1°. En droits de Souveraineté, tels que la connoissance immédiate ou de ressort des intérêts des particuliers, le commandement & la disposition des armes. 2°. En droits utiles, comme la propriété de certaines terres, le droit de Cens sur les terres des particuliers, & la levée des Impôts.

Ce sont ces mêmes droits ausquels les Francs ont succedé, & qui ont été réünis dans la main de leur Souverain, aussi-tôt qu'il est devenu maître des Gaules.

Le changement de Souverain n'a point changé la condition des particuliers, soit qu'ils fussent Romains ou Gaulois, soit qu'ils eussent une autre origine; ils ont tous retenu la propriété utile & privée des héritages qu'ils possedoient, aux mêmes charges & conditions.

Les Terres, qui appartenoient à la République, sont devenues le patrimoine du Prince, celles qui étoient destinées à l'entretien des Légions ont été distribuées à ceux qui avoient le mieux servi; & à la place des Officiers Romains, nos Rois ont préposé à la tête des Cités, des Ducs, des Comtes, & autres Officiers qui, en laissant aux Sujets la liberté de se choisir des

Magiſtrats particuliers, exerçoient au nom du Souverain une adminiſtration ſupérieure.

Ces principaux Officiers préſidoient au gouvernement des peuples, ils avoient dans leurs départemens le commandement des armes, & ils étoient chargés de veiller à la perception & au recouvrement des droits utiles qui appartenoient au Souverain, ils ſe faiſoient délivrer les fruits des terres, dont le Roi jouiſſoit, par les mains de ceux qui s'étoient chargés de les cultiver, ils faiſoient faire la levée des impoſitions qui ſe prenoient ſur les perſonnes, & auſquelles on a donné depuis le nom de Tailles, & on percevoit ſous leurs ordres les droits de péages & autres, au profit du Souverain, comme ils avoient été précédemment perçus au profit de l'Empire. Enfin nos Rois ont joui, ſoit par eux-mêmes, ſoit par leurs Officiers prépoſés dans chaque gouvernement, de la redevance duë par les particuliers ſous le nom de *Cens* pour les héritages qu'ils poſſedoient en propre; & ce Cens étoit la marque de la ſubordination de la propriété privée, envers la propriété ſupérieure & univerſelle, qui avoit appartenu à l'Empire depuis la conquête des Gaules, & qui avoit paſſé de la perſonne de l'Empereur Romain en celle du Roi des Francs.

Ce droit de Cens ou de Seigneurie directe & de proprieté ſupérieure n'étoit pas moins alors un droit de Souveraineté & un droit général & univerſel ſur tous les héritages poſſedés propriétairement dans le Royaume, que celui d'établir & lever des Impôts ſur les perſonnes & ſur les marchandiſes, & celui de faire rendre la Juſtice; le droit de Cens étoit même le principal & le plus ancien, il étoit la véritable marque de la ſupériorité.

Il n'y avoit que les fonds poſſedés par les Officiers au nom du Prince, ou par les Gens de guerre pour leur tenir lieu de ſolde qui fuſſent exempts du Cens, parce que ces fonds appartenoient à l'Etat, & qu'on ceſſoit d'en jouir lorſqu'on ceſſoit d'être dans les places à l'entretien deſquelles ces fonds étoient deſtinés.

Telle eſt la maniere dont les choſes ſe ſont paſſées lors de l'établiſſement de la Monarchie

Les habitans des Provinces eûrent differentes Loix, ſuivant

la

la différence de leurs origines ; les Francs ou Saliens avoient la Loi salique qui leur étoit propre ; ils la conserverent en se mêlant avec les Gaulois : une partie des Gaulois suivoit la Loi Romaine telle qu'elle avoit été donnée par les Empereurs, & principalement par le Code Théodosien ; les Bourguignons avoient aussi leur Loi particuliere, appellée la Loi *Gombette* ; & ainsi de plusieurs autres.

Toutes ces Loix continuerent de servir à décider les différends, & la maniere de succéder de ceux, qui, par une suite de leur origine, ou même par l'effet d'un choix libre, devoient demeurer soumis à leurs dispositions ; mais ces Loix observées en faveur des Particuliers, ne donnerent aucune atteinte aux droits du Prince, *pas même dans les Païs qui suivoient les Loix Romaines* ; le Souverain continua de percevoir les droits & redevances qui lui appartenoient, & singulierement le Cens qui étoit la reconnoissance de la Souveraineté, & la marque du Domaine direct que l'Empire s'étoit réservé sur tous les fonds des Provinces conquises.

Les choses demeurerent dans ce premier état pendant longtems, on ne connoissoit point alors cette exemption du Cens, que l'on a tâché d'introduire dans la suite sous le nom *de Franc-Aleu*.

Les Officiers préposés dans chaque département, ne joüissoient qu'à tems ou à vie du commandement & des émolumens qui y étoient attachés ; mais vers la fin de la premiere Race de nos Rois, ils commencérent à se perpétuer dans leurs Gouvernemens ; cela continua d'avoir lieu sous les premiers Rois de la seconde Race.

Cependant les possessions qui passoient du pere aux enfans n'étoient encore regardées que comme des graces du Prince sujettes à révocation, & étoient désignées par le titre de *Bénéfice*, à la différence des biens que ces mêmes Officiers pouvoient posséder, non à cause de leurs dignités, mais comme tout autre Particulier, & dont ils joüissoient patrimonialement, c'est-à-dire pleinement, & sans pouvoir en être évincés.

Pour désigner ce genre de possession pleine & patrimoniale, on se servoit du terme *Alve*, ou *Aleu* ; mais cette expression qui marquoit la propriété fonciere, utile & transmissible, n'emportoit aucune exemption du Cens ou de la redevance dûë au Roi à cause de sa souveraineté ; de même qu'elle ne supposoit point d'affranchissement des autres Charges publiques : ainsi toute la différence qu'il y avoit entre un Bénéfice & un Aleu, est que l'un étoit un bien que l'on possédoit comme émané immédiatement du Souverain, comme l'accessoire d'une Dignité, d'un Office, d'un Commandement, & l'autre étoit un bien possédé comme particulier, dont on tenoit la propriété de ses peres, & que l'on pouvoit surement transmettre à ses enfans.

La preuve incontestable que tous les biens des Particuliers étoient alors assujettis au Cens, est consignée dans les Capitulaires de Charlemagne, de l'an 808. c. 20. & de l'an 812. c. 11. liv. 3. on y trouve cette disposition. *Census Regalis undecunque legitimè exiebat, volumus ut indè solvatur, sive de propriâ personâ hominis, sive de rebus.*

A la fin de la seconde Race de nos Rois, & au commencement de la troisiéme, les Seigneuries s'étant établies en France, tant pour la Justice que pour les Fiefs, les Seigneurs joüirent dans leurs Gouvernemens des Cens, & autres droits, qui jusques-là n'avoient appartenu qu'au Souverain ; mais le Roi conserva toujours la marque de la supériorité, qui fut la foi & hommage, où le serment de fidélité par lequel chacun des Propriétaires des Fiefs s'engagea d'user de toutes les choses qu'il possédoit pour son service.

Par-là les Loix & les usages de France se trouvérent réduits à ceux qui s'observoient dans l'étenduë des Domaines que le Prince régnant possédoit ; le surplus du Royaume fut gouverné par les usages que chaque Chef de Province, & par la suite des subdivisions, chaque Seigneur particulier introduisit dans son Territoire.

Voici par quels dégrés la subdivision se fit.

Quant au militaire, le Roi trouvoit dans ses grands Officiers ou Vassaux immédiats de son Domaine, de quoi former un corps de Milice capable de résister à ses ennemis ; il convoquoit ses grands Vassaux qui amenoient avec eux leurs Barons & Vassaux particuliers, au moyen de quoi le Roi se trouvoit en un moment à la tête de toute la Noblesse & de la Milice de son Royaume.

Quant aux Finances, le Domaine du Prince fournissoit à ses dépenses; & comme l'Obligation de faire le Service militaire étoit la condition sous laquelle le Roi avoit reçu la foi & hommage des Vassaux pour la propriété de leurs Fiefs, ils étoient tenus de s'entretenir eux-mêmes avec leurs suites.

Quant à la Justice, on distinguoit les personnes qualifiées de celles du commun. Les gens du commun étoient jugés par les Officiers des Seigneurs, & les Seigneurs étoient jugés par l'Assemblée de leurs égaux; tous ceux qui étoient dans un même rang de vassalité s'appelloient *Pairs*; & lorsqu'ils avoient des différends entr'eux, le Seigneur de qui ils relevoient convoquoit une Assemblée pour les juger, c'étoit là ce qu'on appelloit *tenir la Cour des Pairs*, *ou la Cour féodale*.

Celle à laquelle le Roi présidoit à la tête de ses grands Vassaux, étoit la *Cour de France*, & elle jugeoit souverainement non-seulement les contestations qui intéressoient les grands Vassaux eux-mêmes, mais aussi dans la suite par droit de ressort, les appellations des Jugemens des Cours féodales.

Cette forme de Gouvernement auroit pû être utile à l'Etat, & maintenir toutes choses dans un ordre raisonnable, si elle se fût soutenuë dans sa véritable pureté.

Mais le grand pouvoir des premiers Vassaux de la Couronne leur fit oublier la soumission qu'ils devoient au Souverain; l'idée de la propriété absoluë les porta à ne se servir de leurs forces que pour leur intérêt personnel, & de-là les Guerres qu'ils firent à leur Souverain, & celles qu'ils se firent aussi les uns aux autres; ces Guerres les obligérent à se cantonner, à fortifier des Châteaux, & à s'assûrer un plus grand nombre de Vassaux, de-là cette multitude d'inféodations qui ont divisé & subdivisé les grands Fiefs en une infinité de Seigneuries.

Cette subdivision devint utile au Royaume en général, en ce qu'elle affoiblit les grands Vassaux qui trouvérent de la résistance & de la contradiction de la part de leurs plus petits Vassaux.

Nos Rois sçurent en profiter pour rétablir leur autorité.

A mesure que l'autorité se réunit dans la personne du Souverain, les Seigneurs qui n'avoient plus d'occasion d'éxiger le Service militaire, établirent d'autres droits sur leurs Vassaux

& Sujets, tels que le Retrait féodal, les Droits de quint & requint, ou de lods & ventes aux mutations.

Ces Droits devinrent d'un usage si général dans le Royaume, qu'ils furent regardés par-tout comme des accessoires & des effets naturels de la mouvance sur les Fiefs marquée par la foi & hommage, & de la directe sur les rotures dont le Cens avoit été la marque distinctive dans tous les tems, & surtout depuis que les Gaules avoient été soumises par les Romains.

Dans une grande partie du Royaume, les Habitans appliqués à la culture des terres, n'étoient, pour ainsi dire, que les instrumens dont les Seigneurs se servoient pour les faire valoir; ces Habitans ne pouvoient pas quitter les terres où ils étoient nés, & les Seigneurs pouvoient les revendiquer par tout où ils s'étoient retirés; cette espece de servitude tiroit sa premiere source de l'esclavage qui avoit eu lieu du tems des Romains dans tout l'Empire & elle s'étoit perpétuée dans la plus grande partie des Gaules, depuis que les Francs y étoient entrés; les Auteurs de l'Histoire du Languedoc, Tome second pag. 112. remarquent même que dès l'an 975 on n'admettoit en France que deux conditions, *celles des Nobles ou Ingenus*, parmi lesquels ceux dont les armes faisoient le principal exercice, étoient plus qualifiés que les autres; & celle des serfs.

Plusieurs Auteurs attestent que lorsque Hugues Capet fut élevé sur le Trône par l'amitié & la bienveillance des Seigneurs François, il les confirma dans les droits, fiefs & possessions dont ils jouissoient, il est vrai qu'on ne trouve aucune Charte qui assure le fait, mais il n'est pas moins certain, & on verra par la suite que cette confirmation est prouvée par d'autres monumens anciens.

Les Seigneurs jouissoient de la censive universelle qui n'avoit point été éteinte par l'établissement des Seigneuries; une multitude innombrable de Chartes en font mention.

Les unes énoncent le Cens qui étoit dû par têtes & par les hommes de Corps ou Serfs, *Census capitalis*. Celui-là étoit le Cens général, il étoit le signe de la main-morte personnelle qui emportoit la réelle de plein droit, c'est-à-dire l'asservissement des héritages.

Il n'y a pas un Auteur qui disconvienne de cet effet de la main-morte personnelle.

Telles sont les Chartes données en 1179 par Henry Comte de Champagne, & de Brie, en 1209 par Philippes Auguste Roi de France, & en 1224 par Blanche Comtesse de Champagne; ces Chartes sont dans les Cartulaires de Philippe Auguste, & dans ceux de Champagne à la Bibliotheque du Roi.

D'autres Chartes énoncent le Cens *Croiscens*, ou croix de Cens, parce que la monnoye avec laquelle il se payoit étoit marquée d'un côté par une Croix, comme Dumoulin & Brodeau l'ont remarqué sur le titre des Censives; l'Auteur de l'Histoire de la Maison de Montmorency, page 395 rapporte une Charte de l'an 1202 dans laquelle cette espece de Cens est exprimée.

Quelques Chartes énoncent un Cens Cottier, qui a la verité n'étoit pas Seigneurial, mais Philippe de Beaumanoir, qui en a parlé dans le chapitre 23 de ses Oeuvres, fait voir que le Cens Seigneurial subsistoit sur les mêmes terres, indépendamment de celui-là, en disant, *que si aucun baille a autrui ce qu'il tenoit à droit de Cens de autre Seigneur, en ces manieres de surcens, n'a point d'amende, que ne le paye a droit jour, ainchets convient qui cis qui a le surcens, se plaigne au Seigneur du treffonds quand on ne le paye au jour.*

Une Charte d'Alfonse Comte de Poitou de l'an 1269, prouve qu'il y avoit encore un Cens double, *Census duplicatus*, qui se payoit par les vassaux aux Seigneurs dominans dans de certaines occasions; ce Cens a été autorisé par la suite dans les Coûtumes d'Anjou, du Perche, de Poitou & autres.

Ces droits étoient perçûs par les Seigneurs, chacun dans leurs fiefs, ils en dépendoient.

Le Roy Philippe Auguste ayant été informé d'un abus qui se commettoit par les vassaux, au préjudice des Seigneurs Suzerains dans le partage des fiefs, & que les aînés faisoient relever d'eux les portions de fiefs échûes à leurs puînés; il assembla les principaux Seigneurs de son Royaume, & leur fit promettre que les partages des fiefs ne pourroient jamais nuire au Seigneur Suzerain, que toutes les portions releveroient immédiatement de ce Seigneur, quoique divisées, & que chaque copartageant seroit tenu de lui faire le service & payer le rachat.

Comme cette Charte est une preuve autentique de la confirmation des fiefs, & même appellée *stabilimentum de feodis regni Franciæ*; on croit devoir la rapporter ici toute entiere; elle est tirée du Cartulaire de Philippe Auguste.

Du premier May de l'an 1209.

PHILIPPUS *Dei gratiâ Francorum Rex, omnibus, &c. Dux Burgundiæ, Comes Nivernensis, R. Comes Bataviensis, Comes Sancti Pauli, G. De Domnâ Petrâ & plures alii Magnetes de regno Franciæ unanimiter convenerunt & assensu publico firmaverunt ut à primo Die Maii in posterum ita sit de feodalibus tenementis, quidquid tenetur de Domino Ligiè vel aliomodo contigerit, per successionem hæredum, vel quocumque aliomodo divisionem indè fieri quocumque modo fiat, omnes qui de illo feodo tenebunt, priusquàm divisio facta esset, & quandocumque contigerit pro illo tali feodo servitium Domino fieri, quilibet eorum secundùm quod de feodo illo tenebit, servitium tenebitur exhibere, & illi Domino deservire & reddere* Rachatum *& omnem Justitiam. Quidquid autem factum est & usitatum usque ad primum diem Maii maneat sicut est factum, sed de cætero fiat sicut est suprà dictum; quod ne possit oblivione deleri, & in posterum mutari, præsens scriptum sigillorum suorun munimine roborari fecerunt. Actum anno Domini millesimo ducentesimo nono mense Maio, primo die Maii apud Villam novam Regis juxtà Senon.*

La Province de Champagne, est une de celles où la servitude étoit générale; les Cartulaires de cette Province en fournissent des preuves de toutes especes.

On a déja remarqué la Charte de 1179 donnée par Henry Comte de Champagne, c'est une piece dont on aura occasion de parler encore dans ce chapitre, on se contentera d'observer en cet endroit qu'elle renferme la preuve *du Cens capital*, & de l'assujetissement des personnes, qui emportoit celui des héritages.

Il y a une autre Charte donnée en 1162, par laquelle les Seigneurs de Champagne convinrent de laisser à leur Evêque un droit particulier appellé *capitale*, & de partager avec lui ceux de main-morte, formariages & autres. *Statutum inter nos ut annis singulis, idem Episcopus noster & successores ejus Episcopi prædictorum hominum Capitalia* (a) *liberè & integrè habeant; cætera verò, id est manumortuam, licentiam matrimoniorum & alegia* (b) *inter nos æqualiter dividentur.*

Un titre de l'an 1213 établit que l'Evêque de Troyes avoit le droit de chevage, ou cavage, qui étoit *Census capitis* comme le remarque Ducange, *Henricus Dei gratia Trecensis Episcopus noverit, &c. quod cùm controversia verteretur inter Ermang. relictam defuncti, Phil. ex una parte, & homines de sancto Ulpho qui quatuor nobis debent denarios de Chevachio.* (c)

Un autre titre de l'an 1222 justifie que les Seigneurs de Champagne, furent autorisés à demander une indemnité au sujet d'une défense qui avoit été faite à leurs hommes de payer la Taille & le droit appellé *Capitagium* (d) *damna petant sibi illata occasione prohibitionis factæ ipsis hominibus de Tallia & capitagiis non solvendis.*

Enfin plusieurs autres, dont il sera nécessaire de faire le détail, prouvent avec la derniere évidence, que si les Comtes de Champagne, & les Seigneurs de cette Province ont accordé aux habitans de quelques Lieux l'affranchissement de leurs personnes, ce n'a été qu'en réservant expressément le Cens, & autres droits sur leurs héritages.

Il suffit d'ajoûter ici que les droits de servitudes, main-mortes, formariages & poursuites étoient encore trés connus en Champagne, & singulierement dans la Coutume de Vitry en 1509, époque de sa rédaction.

L'origine & l'établissement des droits des Seigneurs ainsi retracés, il faut à présent faire voir de quelle maniere la Franchise des héritages s'est introduite dans quelques Païs coutumiers.

Cette Franchise a eu deux sources particulieres.

Origine véritable du Franc-Aleu dans les Païs Coutumiers.

La premiere se trouve dans les donations que les Souverains ont faites aux Eglises & aux Monastéres : ils leur ont donné des fonds de terres assez considérables, & comme ils les possedoient francs de toutes charges, ils les ont donnés pour en jouir de la même maniere. On en voit un exemple dans la Patente de la Reine Blanche, du mois de Novembre 1389, qui porte qu'elle donne à l'Eglise de la Chartreuse de Troyes une maison & ses appartenances, *laquelle*, est-il dit, *est de notre propre*

(a) *Redevance annuelle attachée à la servitude.* Galand.

(b) *C'est le même droit que celui appellé* Allevium : *il étoit dû pour la levée des Corps.* Ducange.

(c) *C'est le même que* Cavagium & Cavaticum : *c'est* Census Capitis, *id.*

(d) *Redevance en deniers qui etoit duë par les mainmortables.*

héritage, & en franc-aloy. On trouve des expressions semblables dans un Traité fait en 1383, entre Edoüard Roi d'Angleterre, & l'Evêque & le Chapitre de Bazas, qui porte, *medietatem Jurisdictionis, & Justitiæ temporalis quæ penès dictos Episcopum & Capitulum remanebit, habeant & teneant in liberam Alodium.*

Plusieurs Particuliers ont aussi donné des fonds aux Eglises & aux Monastéres, mais, comme quelqu'uns étoient chargés de Cens & redevances, les Abbayes en ont obtenu l'affranchissement des Seigneurs, & même des Souverains; ensorte que les fonds qui étoient originairement assujettis, ont cessé de l'être, & sont devenus libres.

Dans la suite les malheurs des guerres, & les charges de l'Etat ont obligé ces Monastéres à aliéner une partie de leurs fonds, & comme ils étoient francs, les Acquereurs les ont possedés au même titre. Par là, se sont introduites plusieurs portions de Franchises.

La seconde source se trouve dans les affranchissemens accordés par les Seigneurs. Les uns ont accordé à leurs hommes la libération de la servitude personnelle, en se réservant d'autres droits utiles sur leurs héritages, outre le Cens: les autres ont accordé à leurs Sujets des portions de territoires à la seule charge de les cultiver, ou d'y bâtir, & du simple Cens.

Quelqu'uns ont affranchi les personnes & les héritages, moyennant les sommes qu'ils ont reçuës des Villes & des Communautés d'habitans, dans les besoins où ils se sont trouvés, soit pour le service militaire, soit pour leurs affaires particulieres. Quelqu'autres enfin plus généreux ont affranchi des territoires entiers, des contrées entieres, par des principes & des raisons qu'il seroit inutile de vouloir pénétrer.

On ne trouve pour la Champagne & pour la Brie aucune Charte d'affranchissement pur & simple: il est fort douteux qu'il y en ait jamais eu pour aucune Ville de ces deux Provinces, qui étoient régies par les mêmes usages.

Les recherches ont fait découvrir seulement quelques chartes données pour établissemens des Communes: ces monumens autentiques fournissent de grands éclaircissemens pour la question.

Ce que l'on appelloit Communes, *urbium Communiæ*, étoient des

des conceſſions que le Souverain, ou le Seigneur dominant faiſoit à ſes Sujets, d'une telle Ville, ou telle Cité, de quelques libertés, priviléges ou immunités, afin qu'ils s'engageaſſent à quelque ſervice, ou preſtation envers lui, de maniere que les droits reſpectifs fuſſent conſervés, *inſtituebantur Communiæ*, dit Ducange, *ut & Dominorum ſuorum, & ſua propria jura ſubditi tuerentur.*

Mais aucune de ces Communes ne fut établie, ſans réſerver les anciens droits de reconnoiſſance & de ſupériorité, tels que le Cens, les amendes, & autres. Pluſieurs ſervirent même à établir des droits nouveaux ſur les Sujets, à cauſe de la protection particuliere qui leur étoit accordée de les réünir ſoûs les mêmes loix, & les mêmes uſages, & à cauſe de l'affranchiſſement de la main-morte perſonnelle; c'eſt ce qui a fait dire à Guibert, Abbé de Nogent, Auteur très eſtimé, que ces Communes étoient fort mal nommées, puiſqu'elles obligeoient ceux qui y étoient compris, à payer le ſervice ancien aux Seigneurs, & même aux amendes, à défaut de payement; enſorte qu'ils n'étoient affranchis que des droits de main-morte. *Communio autem novum ac peſſimum nomen ſic ſe habet ut capite cenſi omnes ſolitum ſervitutis debitum Domini ſemel in anno ſolvant, & ſi quid contrà deliquerint, penſione legali emendent, cæteræ Cenſuum exactiones quæ ſervis infligi ſolent, omnimodis vacent.* lib. 3. *De vitâ ſuâ* Cap. 7.

La refléxion de cet Auteur eſt conforme à ce qui réſulte des Chartes ſuivantes.

La premiere eſt celle de la Commune que Henry, Comte de Champagne, accorda aux Habitans de la Ville de Meaux. Elle renferme trente-quatre diſpoſitions dont on ne retracera ici que les plus eſſentielles.

„ *Ego Henricus, Trecenſium Comes Palatinus, notum facio præ-„ ſentibus & futuris quod hominibus de Meldis communiam ſub his „ punctis habere conceſſi.*

1° „ *Juraverunt omnes ſe mihi & Mariæ Comitiſſæ uxori meæ „ & filio meo & ſucceſſoribus meis in perpetuum fidelitatem ſervaturos.*

2° „ *Juraverunt etiam ſe ad invicem alterum alteri bonâ fide „ pro poſſe ſuo auxilium collaturos.*

3° „ *Siquidem homines de Communiâ uxores cujuscunque po-*

„ *testatis voluerint, ducent. Licentiâ tamen à Dominis requisitâ ;*
„ *quod si Dominus suus inde aliquem implacitaverit, per quinque*
„ *tantùm solidos emendabit ei.*

4°. „ *Capitales homines censum capitalem Dominis suis persolvent, quem si die quâ debuerint, non reddent, per quinque solidos emendabunt (a)* Les Articles, 5, 6, 7, 8, 9 10 *&* 11, *sont indiférens.*

(a) Cens & amende.

12°. „ *Si quis de Communiâ aliquid foris fecerit, & perjuratos emendare noluerit, homines Communiæ exinde facient Justitiam, si verò ad sonum pro congregandâ Communiâ non venerit,* „ *duodecim denarios emendabit.*

Les articles 18, 19, 20, 21, & 22, établissent des amendes pour les délits.

L'article 28. établit que les hommes de la commune ne seront point en main-morte ; *de homine communiæ nullus manum mortuam habebit.*

L'article 33. établit une prestation annuelle de 140 liv. sur toute la commune (outre le cens réservé par l'article 4.), *sciendum verò quod pro permissione communiæ, reddent mihi vel præposito meo homines de communiâ centum quadraginta libras in crastino natalis Domini.*

Et c'est sous ces conditions que la commune fut accordée „ *sub prænotatis itaque constitutionibus omnes homines meos, quicunque in præscriptâ communiâ fuerint, quietos & immunes à talliâ & à placito* (b) *quod dicitur generale, in perpetuum concedo, salvo quidem jure meo per omnia, tàm in his quæ ad fidelitatem meam quàm in his quæ ad Catalla mea pertinent, &c. actum publicè Trecis anno Incarnati Verbi* 1179.

(b) *Servitium placiti quod Domino debebatur circa placita sua, seu assisias tenebat, (quod sequi & juvare Dominum de placito tenebant.)* Il y avoit amende à défaut de prestation de ce droit qui étoit général. Ducange.

Cette Charte est dans le cartulaire de la commune de Meaux, gardé dans le dépôt des terriers fol. 1. elle est citée par Chantereaux le Fevre, par Ducange, par Galand, & elle est rapportée en entier par M. Brussel dans son nouvel examen de l'usage général des Fiefs en France, tome premier, page 183.

Il y en avoit eu une semblable donnée peu auparavant pour la Ville de Soissons ; cela se prouve par les termes de l'article 31. de celle de Meaux. *Si autem dissentio, &c. secundùm cognitionem & testimonium juratorum communiæ successionis emendabitur.*

On reconnoît par les dispositions de ce Titre, que le Comte de Champagne n'entendit affranchir les Habitans de Meaux que de la main-morte, & de la taille à volonté, mais qu'il réserva expressément le *Cens* que les Sujets devoient à leurs Seigneurs.

Cela donna cependant lieu à des difficultés, parce que les Seigneurs ne voulurent point souffrir la diminution de leurs Droits par un établissement auquel ils n'avoient point consenti; aussi la commune ne fut-elle approuvée en 1184 par Simon Evêque de Meaux, qu'à condition que les Droits de Formariages, Main-mortes & autres, seroient payés aux Abbés de Saint Denis, & de Sainte Geneviéve, comme ils l'avoient été auparavant, *ut fierent ante stabilitionem communiæ, Capitagia,* (a) *Foris Maritagia, & Allevia,* (b) *interfectorum sanguinem, & manum mortuam Abbati D. Dionysii & Sanctæ Mariæ Genovefæ, sicut Dominis suis ex integro redderent.* La Charte de Symon Evêque de Meaux est dans le Cartulaire de Saint Denis.

(a) Redevances annuelles en deniers. Effets de la servitude. *Idem.*

(b) Droits dûs pour la levée des corps. *Idem.*

La condition de l'approbation étoit juste; le Roi Philippe-Auguste eut soin dans les Communes qu'il accorda de conserver les Droits des Seigneurs, & singulierement *le Cens*; la Patente qu'il donna en 1209, & qui est rapportée dans le Cartulaire de son nom pour l'établissement de la commune de Compiégne, porte en termes formels, *Capitales homines Censum debitum Dominis suis persolvent.*

En 1231 Thiebaux, Comte de Champagne, donna une Charte pour l'établissement d'une Commune à Châtillon-sur-Marne & à Dormans, par laquelle il affranchit les Habitans de Toltes, Tailles & main-morte, *à condition qu'il avrou six deniers de la livre du meuble chacun an, & deux deniers de la livre de l'héritage aussi chacun an.* Il se réserva la Garde & la Justice de ses Fiefs, les droits de mesures, *les droits d'Ost & de Chevauchie, l'amende à défaut de payement*, & il exigea que les Habitans fussent tenus de *faire moudre à ses moulins & faire cuire à ses fours*, le tout indépendamment de *sa cense* dont il ne les affranchit point; & dont il est parlé en deux endroits de cette Charte, comme devant subsister.

La Charte est en François, elle est rapportée par André Duchesne Geographe du Roi dans les preuves du livre premier de l'Histoire de la Maison de Châtillon-sur-Marne, chapitre 7, en ces termes.

„ Gie Thiebauz de Champagne & de Brie Cuens Palatin „ fais à sçavoir à toz ceux qui sunt & qui serunt, qui ces lettres verront, que Gie franchis & quit à toriòz de totes toltes „ & de totes tailles toz les homes & totes les fames de „ Chasteillon sor Marne & de Dormanz & de la Chastelerie, „ si cum la Chastelerie se contient, es qui ex gie avoie taille „ & toz les homes qui de fors vanront ester en la Commune „ de Chasteillon & de Dormanz, *par tel* que gie aurai an „ chacun d'aux *six deniers de la livre dou meuble chacun an*, fors „ que en armeures & en robes faites avec lor cors & en aisemens d'ostel; *& aurai deus deniers de la livre de l'heritage* „ *chacun an*. Et gie retaing lo murtre, & lo rat & lo larcin, là „ ou ces choses seront conues & atteintes; & si retaing le champion vaincu dont gie auray m'amande as us & costumes de „ Chasteillon & de Dormanz, & si retaing la fause mesure de „ laquelle gie 40 sous & li boriois 20 sous. Et est à sçavoir que „ je retaing la garde & la jostise de mes Iglises, de mes Chevaliers, de mes fievez & de mes Juis.... *gie auray mon ost &* „ *ma chevauchie*, & se aucun déraillojt de mon ost où de ma chevauchie, *cil qui desfaudroit lo m'amanderoit*... & si gie où mes „ gens avons mestier de chevaux où charettes, il sera requis „ au maeur, & cil la fera avoir à loyer où il la trouvera, & „ payera les loiers des deniers de *ma cense*, & s'il mal avenoit „ des chevaux ils seroient rendus à regart des douze jurés & „ du maeur des deniers de *ma cense*. & est à sçavoir que li boriois de Chasteillon & de Dormanz cuiront & mouront à mes „ forz & à mes molins par autel marchié cum as autres.... „ & si quit à toz mes homes & à totes mes fames de la Prévosté de Chasteillon & de Dormanz la mainmorte. L'an 1231. „ au mois d'Aoust.

Il seroit difficile de prouver plus parfaitement que les heritages sont demeurés chargés du Cens & droits réels, & que les habitans sont demeurés obligés à differentes redevances & prestations qui ont tenu lieu au Seigneur des droits que la main-morte personnelle lui donnoit.

Le même Comte Thiebaux, qui avoit pour vassal Ferri Duc de Lorraine, à cause du fief de Neuf-Châtel, confirma une autre commune que Ferri avoit accordée aux hommes &

femmes de Neuf-Châtel en 1256, *avec la réserve des mêmes droits de six deniers de la livre du meuble chacun an, de deux deniers de la livre de l'heritage, des droits d'ost, chevauchie, amende, fours, moulins & expression de sa Cense*; cette Charte étoit dans le Cartulaire de Champagne qui étoit à la Chambre des Comptes folio 136, elle est rapportée par M. Brussel, tome 2, page 1016 & suivantes.

Voilà ce qui concerne quelques endroits soumis à la Coûtume de Vitry; mais il y a quelque chose de très-remarquable pour Vitry en particulier.

Il est certain dans le Fait, que Thiebauz Comte de Champagne avoit établi une Commune à Vitry, avec réserve *de la Censive & autres droits*. Ducange sur le mot *Communiæ*, tome 2. page 867. fait mention de cette Commune au nombre de plusieurs autres, en ces termes: *Vitriaco in Campania, Theobaldus Comes Campaniæ mense Aprili anno* 1232. *M. S.* Quelques recherches que l'on ait faites, il n'a pas été possible de découvrir cette Charte; mais voici ce qui y supplée.

Le Recueil appellé à la Bibliotheque du Roi *Liber Principum*, tome troisiéme, renferme quatre pieces, desquelles il résulte une preuve décisive contre le systême d'allodialité de cette Coûtume.

Pour en faire sentir toute la force, il est à propos d'observer que Vitry en Perthois (a) étoit anciennement un lieu assez considérable. Il y avoit un Château très-fort qui fut pris & brûlé vers l'an 1146 par le Roi Louis le Jeune, qui faisoit la guerre au Comte Thiebauz le Grand, lequel s'étoit révolté contre lui; ce Château fut depuis rétabli.

(a) C'est celui où la Coûtume fut rédigée en 1509. comme le Chef-lieu.

En 1232, il y avoit à Vitry un Seigneur Châtelain nommé Hugues, qui étoit Vassal du Comte de Champagne; les pieces suivantes sont l'ouvrage de ce Seigneur Châtelain & de son successeur.

La premiere est une Charte de Hugues *Chatelain de Vitry* du mois de Décembre 1232, qui porte qu'il a mis ses hommes de corps demeurans à Vitry dans telle Censive & Commune que le sont ceux que Thiebauz Comte de Champagne *a dans la même Ville*; elle est rapportée fol. 202. v°. *Libri Principum*, en ces termes.

» *Ego Hugo Vitriaci Castellanus notum facio universis præsentes » litteras inspecturis, quod ego posui homines meos de corpore apud » Vitriacum commorantes* in tali Censivâ & tali Communiâ, » qualis est Censiva & Communia hominum Theobaldi Co- » mitis Campaniæ & Briæ in villâ prædictâ commorantium, » *& ut hoc firmum teneatur, in hujus rei testimonium litteras sigilli » mei munimine Domino meo Comiti Campaniæ & Briæ contuli ro- » boratas. Actum anno Domini* 1232. *mense Decembri.*

La seconde piece est une Lettre du même Hugues Châtelain de Vitry, adressante à son Seigneur Thibault Roi de Navarre & Comte de Champagne du mois de Mai 1237, par laquelle il l'informe, *qu'il a vendu à l'Abbesse de Saint Jacques de Vitry, toute son eaue appellee l'eaue de Merlau, avec deux bras qui appartiennent à ladite eaue, la pesche dans cette eaue, & généralement le droit qu'il y avoit; qu'Aliz sa femme a approuvé cette vente, comm'aussi ses fils Robert & Henry Chevaliers, Anserin Archidiacre de Langres, Jean Archidiacre de Liége, & Guillaume son autre fils, & il le prie comme son Seigneur dominant de vouloir bien y consentir.*

Voici les termes de la Lettre telle qu'elle est rapportée au fol. 203. r°. du même Livre.

» Excellentissimo Domino suo Theobaldo Dei gratiâ Regi » Navarræ, Campaniæ & Briæ Comiti Palatino, Hugo Castellanus Vitriaci fidelis suus, salutem & reverentiam.

» Nobilitati vestræ significo quod ego vendidi, &c....

» Indè est quod vestram, in quantùm possum, rogo benignitatem, quatenùs de venditione hujus atque de feodo ve- » stro movet, prædictis Abbatissæ & Monialibus pro Dei » amore, & earumdem, & nostro, assensum vestrum præbea- » tis & Litteras vestras patentes eisdem conferre dignemini: » vale in Domino.

La troisiéme piéce est une Lettre *françoise* de *Robert* Chevalier Sire de Sommeville *& Châtelain de Vitry* à Thibaut Roi de Navarre & Comte de Campagne du mois de Mai 1263, par laquelle il le prie *de recevoir en son lieu Madame Helissant Dame de Marue à hommage de sa maison, & de toutes les autres choses qu'elle tenoit en Fief de lui Robert, & aussi de recevoir en son lieu Raolins filz Monseigneur Jacques d'Argicies, à hommage de*

Montigné, & de toutes ses appartenances à Champ & à Ville qui relevoient pareillement de lui Robert. fol. 204. v°. du même Livre.

Enfin la quatriéme piece est une Charte *françoise* du même Robert du mois de Novembre 1267, portant qu'il a vendu au Roi de Navarre Comte de Champagne tous les Fiefs, (c'est-à-dire la mouvance de toutes les terres) que Madame Agnes Dame d'Estrepy, Guios son fils, & tous les enfans d'icelle Dame tenoient de lui, en quelque part qu'ils soient situés, sans le Fief de Constant, fol. 205. r°.

Il résulte de ces quatre pieces que le Châtellenage ou la Châtellenie de Vitry & ses dépendances formoient un Fief relevant du Comte de Champagne, & que le Seigneur de ce Fief avoit *la Censive* & les mêmes droits sur ses hommes, que le Comte de Champagne avoit sur les siens.

On peut y ajouter un article qui est tiré du Registre des Vassaux de Champagne de l'an 1256. fol. 83. au Chapitre intitulé *de Vitriaco.*

Castellanus Vitriaci, Ligius, de his quæ habet ad Summencellam & ad Vitriacum & in eorum Castellaniis. De co tenent Dominus Galterus de Palisseto, medietatem de Thiebemont, & Dominus Arzilliarum aliam & medietatem de Gigny cum appenditiis & dictus Galterus, Fontanus & Matriacum cum appenditiis, Dominus J. d'Estrepi Buignicarium, montem Tavere & Estrepi.

Merlau, *Marue* qui est aujourd'hui *Marup*, Sommancelle que l'on appelle à présent Sommancour, Arziliere, Thiebemont, que l'on appelle Thieblement, Bignicourt & Estrepy dénommés dans ces piéces & article, sont tous lieux situés près *de Vitry*, c'étoient donc des mouvances de ce *Châtellenage.*

Mais ce qui démontre combien ce Châtellenage étoit étendu & important, est que dans le premier Registre de Champagne fol. 8. le Châtelain de Vitry a été inscrit en tête du Chapitre des Vassaux, & que le Duc de Lorraine & le Comte de Bar n'y ont été inscrits qu'au second & troisiéme articles.

Il ne sçauroit plus être douteux *que Vitry* (malgré l'affranchissement de la main-morte) & les terres de cette ancienne Châtellenie ne soient demeurées en Censive, de même que toutes celles de ce Païs, dont les Habitans avoient obtenu des Communes.

A l'égard des lieux où les Habitans n'avoient point obtenu l'affranchissement de la main-morte ; ils sont demeurés serfs ; il y en avoit même encore en 1509 ; on en verra la preuve dans le Chapitre troisiéme.

Il est cependant possible que depuis les anciennes Chartes qu'on a rapportées, quelques Seigneurs particuliers ayent accordé des Lettres de Franchise à quelques Lieux de la Province, mais on n'en trouve point pour les Lieux régis par la Coutume de Vitry, & le Tiers Etat n'en rapporte aucune. Sur quel prétexte peut-il donc alléguer le Franc-Aleu, puisque par l'Article 20 de la Coutume, l'héritage en Franc-Aleu est, *Terre sans Justice pour laquelle le Détempteur ne doit Cens, Rentes, Lods & Ventes, Vétures ni autres Redevances* ? Y a t-il une seule charte, une seule piéce qui ne réserve la Censive, & des droits sur les héritages dans les lieux dont on a parlé & singulierement dans *Vitry & ses dépendances* ? Que faudroit-il de plus pour démontrer que le systême de l'allodialité n'a pour principe que l'illusion & les vains désirs du Tiers-Etat ?

Au reste il n'est pas encore certain ni déterminé qu'il y ait en Champagne aucune coutume allodiale, mais quand il y en auroit, ne sçait-on pas que c'est la difference des conditions des affranchissemens qui a produit celle des Coutumes ?

Lorsque les Coutumes ont été rédigées, on a eu grand soin dans les lieux, où l'affranchissement étoit presque général, d'exprimer par un texte formel que tout héritage étoit réputé franc, à moins que le Seigneur ne justifiât qu'il fût chargé de quelque droit envers lui : dans les lieux où il ne paroissoit point d'affranchissement, on a exprimé que tous les héritages devoient le Cens.

Et enfin dans les Païs, où il n'y avoit que quelques portions de Terres affranchies, on s'est contenté d'exprimer qu'il y avoit du Franc-Aleu, comme dans la Coutume de Paris & autres, mais cette simple mention d'une exception pour quelques Terres n'a point empêché les dispositions générales qui assûroient le droit universel des Seigneurs, l'exception n'a fait que le confirmer.

Ces vérités sont attestées par toutes les Coutumes : on ne connoît dans aucun Païs coutumier de la France le Franc-Aleu

leu naturel, il n'y en a jamais eu, même parmi les Romains, que ce qu'ils appelloient *solum italicum.* Toutes les autres Terres de leur domination ; & sur-tout les Terres conquises, étoient généralement assujetties & chargées de Cens & redevances. Or le Roi a succedé aux droits qui étoient établis dans les Gaules au profit de l'Empereur Romain, ou de la République : ces droits ont passé aux Seigneurs avec l'agrément des Souverains : les Seigneurs s'y sont maintenus : ils ont été confirmés dans leurs possessions par nos Rois : il n'y a d'ailleurs d'autres franchises que celles qui procédent des concessions, sur-tout dans les Païs coutumiers. Ainsi, soit que l'on remonte à l'origine du Cens, soit que l'on consulte celle du Franc-Aleu, il est impossible d'admettre l'allodialité dans une coutume qui ne l'établit pas par une disposition générale, & par un texte précis, & dont les habitans ne peuvent rapporter aucun titre de concession, ou d'affranchissement du Cens.

CHAPITRE SECOND.

Du Droit général & Coûtumier de la France.

TOUT le monde sçait la régle si certaine en France qu'il n'y a nulle Terre sans Seigneur. Ceux qui n'ont pas voulu pénétrer jusques dans l'origine, se sont imaginés qu'elle n'avoit été établie que par le Chancelier Duprat; mais c'est une erreur qui, quoiqu'indifferente & incapable de donner atteinte à une régle réconnue & autorisée, paroît cependant devoir être combattue.

Il est certain que l'on ne connoissoit point dès long-tems auparavant de Terres sans Seigneur : les Docteurs les plus anciens attestent & confirment cette vérité: Petrus Jacobi qui vivoit sous Philippes le Bel & Philippes de Valois dans son Traité, *de success. Regni Franciæ*, dit qu'il n'y avoit rien d'allodial dans le Royaume, *nihil esse in Regno Franciæ allodiale, sed omnia teneri à Rege.* Cet aûteur est cité par Franciscus Marcus dans ses décisions du Parlement de Dauphiné, & par

Joannes Faber qui vivoit dans le même tems ſous Philippes de Valois, comme il le dit lui-même dans ſes inſtitutes : ce dernier Auteur ſoutient la même choſe ſur la Loi premiere au Code *de ſummâ Trinitate* N. 8. & pour confirmer ſon avis, il cite Guillemus Durandus qui a vêcu ſous le Pontificat du Pape Nicolas III. vers l'an 1236. Ainſi la maxime remonte beaucoup plus haut que l'époque du Regne de François I. & c'eſt de toute ancienneté que les Terres ont été mouvantes de de quelques Seigneurs.

Le Chancelier Duprat que l'on prétend mal à propos avoir été l'auteur de cette maxime, ne l'eſt point. Il l'a trouvée toute établie dans le Royaume, & en interpoſant l'autorité du Roy pour la rendre certaine, il n'a cherché qu'à prévenir les doutes affectés & les conteſtations injuſtes de ceux qui refuſeroient de ſe rendre à une vérité conſtante & conforme au Droit commun de la France.

Auſſi pluſieurs Auteurs & ſigulierement la Rocheflavin & Galand font-ils mention d'un cahier qui étoit en la Chambre des Comptes de Paris, contenant les inſtructions faites par le Conſeil pour le payement des droits qui pouvoient être demandés par le Roi aux Gens d'Egliſes & ſur le fait des Francs-fiefs & nouveaux acquêts, droits de ventes, quint & requint; dans le nombre des articles de ce cahier il y en a deux qui aſſurent la maniere dont on doit en uſer à l égard de ceux qui prétendent poſſeder en Franc-Aleu.

Le premier de ces articles contient cet expoſé : *Item ſe trouve poſſeſſion de Terres & Seigneuries au fonds du Roy, dont, les tems paſſes, n'ont été payés aucuns Cens, à ſçavoir ſi on les contraindra à payer dorénavant aucuns Cens.*

REPONSE. Que l'on ne peut tenir Terre ſans Seigneur, & que l'on poſera le Cens ſur les héritages, que l'on payera au Roy eu égard aux prochaines Terres payans Cenſives.

Le ſecond contient cet expoſé : *A ſçavoir ſi tous les héritages que l'on tient être tenus en Franc-Aleu, ſeront mis en la main du Roy, qui ne montrera Titre, quelque temps qu'il ait joui.*

Réponſe, qu'*il convient faire apparoir du Titre*, aliàs *ſoit mis en la main du Roy.*

Cette réſolution eſt une des plus aſſurées dans l'uſage du

Royaume ; & afin qu'elle ne pût pas être révoquée en doute, dans les Pays de Droit Ecrit, & même au Parlement de Toulouze, elle a été insérée avec autres instructions concernant cette matiere en un gros Registre de la premiere Chambre des Enquêtes de ce Parlement, & la copie du Cahier de la Chambre des Comptes de Paris, est inscrite en ces termes: *Collatio cùm similibus in Camerâ comptorum Domini nostri Regis, Parisiis ordinatione Dominorum ibi per me* LE BLANC.

C'est en conformité de cette résolution que les Parlemens de Bordeaux, d'Aix & de Grenoble, rejettent le Franc-Aleu.

C'est aussi en conformité de cette résolution, que les principales Coutumes, & même le plus grand nombre le rejettent, à moins qu'il ne soit établi par Titre ; & si dans quelques-unes les Gens du Tiers-Etat ont essayé de l'introduire, ils n'y ont pas réüssi jusques à présent.

Les Coutumes qui n'établissent point le Franc-Aleu sans Titres, ou qui ne font que l'énoncer, sont en grand nombre, & toutes ces Coutumes demeurent dans le Droit Commun ; telles que Paris, Normandie, Orleans, Calais, Chartres, grand Perche, Dreux, Montargis, Mantes, &c. Dans toutes ces Coutumes, on regarde comme certain, que nulle Terre sans Seigneur, & que celui qui veut soutenir son héritage en Franc-Aleu, doit le prouver.

Il y a quantité d'autres Coutumes qui excluent formellement toute idée de Franc-Aleu, à moins qu'il ne soit justifié par Titre.

Celle de Bretagne article 328, porte que nul ne peut tenir Terre en Bretagne sans Seigneur, parce qu'il n'y aucun Franc-Aleu en en icelui.

Celle de Poitou, par l'art. 52. porte qu'*aucun ne peut tenir en Aleu*, & l'art. 99 porte *que les Fiefs fonds & autres Domaines du Pais de Poitou, sont & doivent être tenus noblement & roturierement, que les Roturiers sont tenus à cens, rentes, tailles & corvées, & les autres tenus par hommage, lige ou plain, en parage ou gariment.*

Celle d'Angoumois porte la même disposition par l'art. 20.

Celle de la Rochelle par l'art. 3. attribue aux Seigneurs les lods & ventes de toutes les choses qui sont au dedans de la Seigneurie, *soit qu'il ait Jurisdiction où non.*

Celle de Tourraine par l'article 5. attribue au Seigneur un denier de cens par chaque quartier d'héritage, à moins qu'il n'y ait convention d'un cens plus grand ou moindre.

Celle de Blois par l'article 33. porte *qu'au Comté & Bailliage de Blois & ressorts d'icelui, y a tous droits Seigneuriaux, récognitifs de Seigneurie, c'est à sçavoir Fief, cens & terrages, lesquels s'appellent Seigneuriaux, parce qu'aucun ne peut tenir héritage esdits Comté, Baillage & Ressort, sinon qu'il le reconnoisse tenu d'aucun Seigneur à l'un desdits trois droits &c.*

La Coutume de Senlis par l'article 262. porte *itèm, aucun nepeut tenir terre sans Seigneur.*

Celle de Perronne article 102. porte *nul n'est fondé en Franc-Alleu s'il n'en fait apparoir.*

Celle de Vermandois fait mention du Franc-Aleu, mais sur l'article 135. il se trouve une observation faite par M. d'Hericour, qui dit que *la maxime nulle terre sans Seigneur*, est devenue si génerale, qu'on la regarde à présent comme le droit commun du Royaume, ainsi, conclud-il, la Coutume de Vermandois n'ayant point de disposition contraire, le Franc-Aleu n'y a point lieu sans titre.

En voila déja un grand nombre, dont les dispositions exigent textuellement le rapport du titre, à défaut du quel elles n'admettent point de Franc-Aleu, où qui le rejettent absolument; mais consultons les Coutumes de la Champagne & de la Brie.

La Coutume de Meaux qui fut rédigée dans le même tems que celles de Vitry, Troyes & Chaumont, porte par l'article 189. *que par ladite Coutume, Franc-Aleu partout ledit Bailliage & ancien ressorts d'icelui, ne peut ètre tenu ou possedé sans titre particulier.*

Celle de Melun par l'article 97. porte que par ladite Coutume, Franc-Aleu ne doit vest, ni devest, ni censives, ni foi & hommage, *mais ne peut ètre dit heritage en Franc-Aleu, par possession, & faut avoir un titre exprès.*

La Coutume de Reims, qui est la Capitale de la Champagne n'admet point le Franc-Aleu sans titre, elle dit seulement par l'article 40. que les biens immeubles sont tenus, où Noblement en Fief, où roturiérement en censive ou en Franc-

Aleu. Mais Buridan qui est le commentateur de cette Coutume demande quand le Franc-Aleu est en débat, à qui c'est à le prouver, & il dit que l'opinion la plus commune & la plus probable est, qu'ès Provinces qui ne sont pas allodiales par la disposition expresse des Coutumes, c'est au possesseur à justifier le Franc-Aleu par titre particulier, que c'est une maxime reçue en France, que nulle terre sans Seigneur, & il ajoute qu'il a été ainsi jugé dans la Coutume de Paris qui n'est pas allodiale, *non plus que la Province de Champagne*, quoi que quelque Coutumes admettent le Franc-Aleu, *d'autant* qu'elles ne l'admettent pas en géneral, pour attribuer cette franchise sur tous les héritages de la Province; *mais seulement és pays esquels les Coutumes en disposent expressément, telles que Troyes & Chaumont.*

D'Hericourt à l'endroit cy-devant cité, dit de même, que dans la Coûtume de Reims, le Franc-Aleu n'est point admis sans titre, ainsi voila la Coûtume principalede la Champagne qui n'est point allodiale.

La Coûtume de Châlons sur Marne ne l'est pas non plus : elle parle seulement dans l'article 165 du Franc-Aleu, comme étant une sorte de biens ausquels on succéde, ainsi qu'aux biens roturiers, mais Billecart qui a commenté cette Coûtume, dit que celui qui prétend que son héritage est en Fief, le doit prouver, *& pareillement celui qui prétend que c'est un Franc-Aleu en Coûtume, où nulle terre sans Seigneur*, à quoi Godet, qui est un autre commentateur de la mêmeCoûtume ajoute *que les plus anciens Avocats de Châlons lui ont dit qu'il y avoit peu, où point de terre de Franc-Aleu au ressort de Châlons.*

A l'égard de la Coûtume de Troyes, les Ecclésiastiques & les Nobles s'étant opposés à la prétention des gens du tiers état lorsque l'article 51 de cette Coûtume a été presenté, & Messieurs les Commissaires ayant renvoyé le differend en la Cour pour y être jugé, on peut dire que l'allodialité de cette Coûtume n'a pas encore été décidée définitivement.

La Coûtume de Chaumont est dans le même cas, le Procès-verbal en fait foi.

Reste la Coûtume de Vitry; sera-t'elle regardée comme allodiale, tandis qu'elle ne porte point de disposition expresse qui établisse le Franc-Aleu sans titre, tandis que toutes les coutumes du Royaume, où le rejettent absolument, où ne l'admettent qu'avec titre, tandis enfin qn'il n'est point admis sans titre dans les coutumes de champagne & de Brie, qui ont été rédigées sans contestation?

Quand il s'agit de fixer la qualité d'une coutume, que peut-on faire de plus sage & de plus judicieux, que de la regarder comme conforme à la maxime génerale & au droit coutumier du Royaume, & dans le tems qu'il n'y a pas une seule coutume qui soit arrêtée comme allodiale dans les Provinces de Champagne & de Brie, Peut-on penser que celle de Vitry ait cette qualité? En consultant le droit Coutumier de la France, il est certain que la maxime, nulle terre sans Seigneur, doit faire la Loi à Vitri, & que l'on doit y suivre ce qui se pratique dans les coutumes qui n'établissent pas le Franc-Aleu sans titre *par des dispositions expresses.*

La coutume de Vitry ne fait qu'énoncer le Franc-Aleu comme un être possible & comme une sorte de biens qui peut exister; en cela elle ne fait rien de plus que les coutumes de Paris, Orléans, Vermandois, Reims, Châlons & autres; Or de ce terme de *Franc-Aleu* qui se rencontre dans ces differentes coutumes, personne ne s'avisa jamais d'en conclure qu'elles fussent allodiales, *parce qu'elles ne portent point que le Franc-Aleu sera reconnu sans titre qui le constate*; ainsi, la coutume de Vitry ne sçauroit non-plus être regardée comme allodiale sur le prétexte qu'elle renferme des énonciations vagues du *Franc-Aleu*, il ne doit y passer que pour un être possible, dont la réalité doit être clairement prouvée par ceux qui prétendent en avoir. La conséquence est indubitable.

Les gens du tiers état essayent inutilement d'argumenter de l'article second de la Coutume locale des Châtellenies de Sezanne, Trefou & Chantemerle, situées sur les limites de la Champagne; cet article second porte que tous héritages sont francs de censive, s'il n'appert du contraire, & quelques-uns en ont pris prétexte pour dire que la proximité de la Champagne avoit fait introduire l'allodialité dans ces Châtellenies; mais l'Ordonnance de Messieurs les Commissaires constate que ces Coutumes locales mises à la fin du Procès-verbal de la

Coutume de Meaux, loin d'avoir été reçûes, ont été rejettées & n'ont été annéxées que pour servir de Mémoire. Voici les termes de l'Ordonnance de Messieurs les Commissaires : *Lesquels articles desdites Coutumes locales contenues ci-devant pour ce qu'il semble à tous en general, que c'étoit plus droits Seigneuriaux que Coutume, fût par nous ordonné que lesdits articles ne seroient publiez ni arrêtez pour Coûtume, mais seroit reservé aux Seigneurs, Barons, Châtelains & autres, d'user sur leurs sujets de tels droits qui peuvent leur appartenir & à leursdits sujets leurs defenses au contraire ; en temoin de ce, nous avons cy mis nos seings mutuels, & fait sceller de nos Sceaux. Le 5 Octobre 1509. Signé, Baillet, &c.*

Aussi, lorsque M. Charles Dumoulin insera ces Coûtumes locales dans l'Edition du Coutumier general qu'il donna en 1567. il eut soin d'y mettre une note qui porte qu'au Procès-verbal desdits sieurs Commissaires, ont été inserées aucunes prétendues Coutumes locales baillées en l'assemblée generale en laquelle elles n'ont été reputées ni reçûes pour Coutume, & qu'elles ne serviront que de simples Mémoires.

C'est encore ce qui se trouve assuré par trois Arrêts rendus sur l'Intervention de M. le Procureur General.

Le premier du 27 Juin 1711. au rapport de M. Dreux, entre la Marquise de Beuvron qui possedoit lors le Domaine de Sezanne à titre d'engagement, & un nommé Bernard ; la Marquise de Sezanne avoit obtenu dès le 20 Avril 1706. une Sentence au Baillage de Sezanne, par laquelle Bernard avoit été condamné à lui payer les lods & ventes de quelques pieces de terre qu'il avoit acquises au Terroir de Barbonne. Ce particulier sur l'Appel de cette Sentence porté en la Cour, fit des efforts pour persuader que ses héritages étoient en Franc-Aleu sur le fondement de la prétendue Coûtume locale de Sezanne, & qu'ils étoient situés dans la Brie Champenoise ; c'est dans ces circonstances que la Cour rendit son Arrêt confirmatif de la Sentence du Baillage de Sezanne avec amende & dépens ; cet Arrêt a constamment jugé que les Terres sises en Champagne dans le ressort de la Coûtume generale de Meaux, n'étoient point en Franc-Aleu.

Cette verité n'est pas moins frappante dans l'espece du second Arrêt qui est du 11 Juillet 1713. la Marquise de Beuvron étoit encore en ce tems-là Dame engagiste du Comté de Sezanne ; il s'agissoit d'un objet plus considerable, & elle avoit un plus puissant adversaire ; elle demandoit à la Dame de Soudé des droits de quint & de requint pour raison de l'acquisition qu'elle avoit faite des Terres de Dosnon & Saint-Didier ; la contestation fut soutenue avec toute la vivacité & toute l'attention possibles de la part de la Dame de Soudé ; le Vû de l'Arrêt qui intervint, justifie pleinement qu'elle n'oublia rien pour sa défense, & pour écarter, s'il lui eût été possible, la prétention de la Dame de Beuvron qui soutenoit particuliérement que les Châtellenies de Sezanne, Tresou & Chantemerle étoient des anciens ressorts du Baillage de Meaux, & que l'article 189 de la Coutume generale qui n'admet point le Franc-Aleu sans titre, y faisoit par conséquent loy ; le systême contraire de la Dame de Soudé rouloit sur la disposition de la prétendue coutume locale de Sezanne qu'elle présentoit comme une loi à l'autorité de laquelle il étoit indispensable de céder ; mais subsidiairement elle soutenoit qu'il y avoit une portion de la Terre de Dosnon qui étoit située en Champagne. Tel fut l'objet d'une Requête qu'elle présenta au mois de Février 1707. par laquelle elle demanda qu'il lui fût permis d'en faire preuve par témoins ; cette Requête est visée dans l'Arrêt. La Cour pour éclaircir sa religion sur ce point de fait, rendit d'abord un Arrêt interlocutoire ordonnant une plus ample contestation sur l'usage qui s'observoit dans les lieux dépendans de la coutume de Meaux & des coutumes locales en dépendantes, sçavoir si lesdites coutumes locales s'observoient, notamment au sujet du Franc-Aleu, & sçavoir si dans les lieux dépendans du Domaine de Sezanne ceux qui prétendoient être en Franc-Aleu, étoient obligés de rapporter les titres, ou au contraire, si c'étoient ceux qui prétendoient la mouvance féodale, qui étoient obligés de la prouver. Il fut dit que les parties apporteroient dans trois mois des Actes de notorieté des Siéges de Meaux, Provins & Prevôté de Sezanne touchant ledit usage, ensemble des Sentences & Jugemens, si aucuns se pouvoient recouvrer, pour ce fait & rapporté, être ordonné ce que de raison.

C'étoit là tout ce que la Dame de Soudé pouvoit esperer de

plus

plus favorable, s'il y avoit eu quelque usage contraire dans le Bailliage & Comté de Sezanne à la disposition de l'article 189 de la coutume generale de Meaux, mais n'ayant retiré par l'évenement aucun fruit de cet Interlocutoire, & après avoir combattu depuis 1707. jusqu'en 1713. elle s'avisa de prétendre que tout le terrain situé en deçà de la riviere de l'Huistre, étoit en Champagne & non en Brie; ainsi rien n'étoit plus facile que de connoître tout le plan de la défense de la Dame de Soudé. En soutenant que tout le terrain situé en deçà de la riviere de l'Huistre étoit en Champagne & non en Brie, elle convenoit par-là que tout ce qui étoit en Brie ne devoit point connoître d'autre loi que la Coutume de Meaux; mais pour ce qui étoit en Champagne, elle le reclamoit comme situé en Pays de Franc-Aleu. La Cour par son Arrêt rejetta cette distinction, & sans avoir égard à l'Intervention & demande des habitans d'Herbisse que la Dame de Soudé avoit fait paroître dans la contestation, ni à la Requête de la Dame de Soudé du 15 Février 1707. ayant égard à l'Intervention de M. le Procureur general, elle confirma avec amende & dépens la Sentence rendue au profit de la Dame de Beuvron.

Le Troisiéme Arrêt qui a encore jugé la même question, a été rendu le 11 Juin 1739. entre le Duc de Caderousse, aujourd'hui Seigneur engagiste du Comté de Sezanne, d'une part, & les Sieurs & Dames de Bezu, d'Yancourt, les Sieur & Dame de Buchere d'autre; il s'agissoit alors pareillement de sçavoir si la prétendue Coutume locale de Sezanne n'étoit qu'un simple Mémoire rejetté par les Commissaires qui avoient présidé à la rédaction de la Coutume generale de Meaux, & un simple projet abandonné dès sa naissance, ou si au contraire c'étoit une loi qui devoit avoir son exécution, & qui dans le cas particulier dût former une exception à l'Article 189 de la Coûtume generale de Meaux, le sieur de Bezu & consorts n'osérent pas aller jusqu'à dire que ce fût une loi; mais en lui en refusant le nom, ils lui en donnérent toute l'autorité, non pas cependant qu'ils prétendissent que tout ce qui étoit du Comté de Sezanne fût pays de Franc-Aleu sans titre; mais ils s'avisérent de restraindre leur systême d'allodialité au Territoire qui est dans la Province de Champagne; la partie qui est en Brie n'étoit point en Franc-Aleu, il n'y avoit que celle qui est située en Champagne qui fût allodiale, de maniere qu'ils distinguoient deux parties dans le Territoire du Bailliage & Comté de Sézanne, l'une que l'on appelloit, disoient-ils, la Brie Françoise, & l'autre que l'on nommoit la Brie Champenoise. Pour la premiere, ils l'abandonnérent au gré de la Coutume generale de Meaux, & à l'égard de la seconde, ils soutinrent qu'elle étoit régie par la prétendue Coutume locale de Sezanne; selon eux, il ne s'agissoit que d'une pure question de fait; car si la Terre de Viasprés-le-Grand qui donnoit lieu à la contestation, eût été située dans la Brie Françoise, ils convenoient qu'il leur falloit des titres pour en établir le Franc-Aleu, au lieu que si elle eût été située, comme ils le prétendoient, dans la Brie Champenoise, ils n'avoient pas besoin de titres pour en prouver l'allodialité. Ce systême purement d'imagination, étoit précisément celui que la Cour avoit déja réprouvé en 1711. & en 1713. de la maniere la plus éclatante & la plus solemnelle.

Enfin le sieur de Bezu & consorts avoient présenté une Requête le 9 Juin 1733, qui est visée dans l'Arrêt, tendante à ce qu'il leur fût donné acte de ce qu'au par-dessus de leurs moyens qui résultoient de la Coûtume, & des faits qu'ils avoient articulés dans l'Instance; ils articuloient & mettoient encore en fait que tant par eux que par leurs auteurs, ils étoient en possession plus que centenaire de jouir en Franc-Aleu des heritages dont étoit question, & sans jamais avoir payé aucuns droits, ainsi qu'il résultoit des differens Contrats produits en l'Instance, & du défaut par le Duc de Caderousse de rapporter aucuns aveux, dénombremens & déclarations du Fief de Viasprés, laquelle possession plus que centenaire, valoit titre, ainsi qu'il avoit été jugé par Arrêt du mois de Mars 1733.

Ç'a été dans ces circonstances qu'a été rendu l'Arrêt du 11 Juin 1739. par lequel la Cour ayant égard à l'intervention de M. le Procureur General & aux demandes du Duc de Caderousse, sans avoir égard aux Requêtes & demandes du sieur de Bezu & consorts, les a condamnés à payer la somme de 5280 livres pour les droits de quint & requint de la vente de la Terre & Seigneurie de Viaſprés - le - Grand.

Après ces trois Arrêts, il n'eſt pas poſſible aux Gens du Tiers-Etat de tirer avantage des Coûtumes locales des Châtellenies de Sezanne, Trefou & Chantemerle, le Franc-Aleu n'y eſt point admis ſans titre, ſuivant que les Arrêts l'ont jugé. Il ne peut donc pas être admis dans la Coutume de Vitry, qui eſt une Coutume de Champagne, & qui a été arrêtée en même tems que celle de Meaux, & par les mêmes Commiſſaires.

CHAPITRE TROISIE'ME.

Des anciennes Coûtumes de Champagne, & des Ordonnances des Rois qui ont confirmé les Droits des Seigneurs de cette Provinte.

THiebaux Comte de Champagne & de Brie, fit rédiger en 1224 les Droits & Coutumes de ces deux Provinces qu'il poſſedoit; elles ſont rapportées dans la nouvelle compilation des Coutumes. Il y a des diſpoſitions qui ne permettent pas de douter des Droits que les Seigneurs avoient ſur leurs Hommes & ſur les heritages ſitués dans leurs Seigneuries; on y trouve même la preuve de ce fait important, qu'il n'y avoit en Champagne parmi les Roturiers d'autres perſonnes franches que celles qui avoient obtenu leur affranchiſſement des Seigneurs par Lettres expreſſes.

L'article 39. eſt conçu en ces termes *Coutume eſt en Champaigne que homs de pote ne puet avoir franchiſe, ne ne doit, ne ne ſe puet appeller francs, ſe il n'a de ſon Seigneur Lettres ou privileges.*

Pour connoître ce que c'étoit que homme de pote en Champagne ou en Brie, il faut prendre la définition qui s'en trouve dans l'article premier de la Coûtume de Meaux. Voici les termes de cet article: *On tient au Bailliage de Meaux aucunes perſonnes être Nobles, les autres Roturieres & non Nobles, que l'on nomme Gens de pote.* Taiſand ſur l'article 6. du titre 13. de la

Coûtume de Bourgogne, remarque qu'il y a plusieurs Coutumes qui appellent les personnes roturieres, *Gens de pote ou de postes*; ainsi il n'y avoit que deux conditions, celle des Nobles, & celle des Roturiers; & comme la main-morte & la taille étoient universellement établies sur les Roturiers, il falloit que ceux qui vouloient avoir la franchise de leurs personnes & de leurs biens, obtinssent des Lettres d'affranchissement, sans quoi ils ne pouvoient être reconnus, ni se qualifier francs.

On conviendra sans doute que cela est extrêmement éloigné de toute idée d'allodialité & de franchise pour les Provinces de Champagne & de Brie.

Ceux qui obtenoient l'affranchissement ne laissoient pas d'être toujours assujettis à une reconnoissance envers le Seigneur, ou à quelques prestations. L'affranchissement avoit pour objet la main-morte, c'est-à-dire, le Droit que le Seigneur avoit non-seulement sur les personnes, mais encore sur les successions des main-mortables, dont il emportoit ou la totalité, ou seulement une partie, suivant la difference des cas; ce Droit étoit échangé en redevances & prestations qui étoient toujours dûes au Seigneur duquel les héritages procédoient originairement, & par ce moyen les affranchis acqueroient la liberté de leurs personnes & celle de disposer de leurs biens sous les conditions portées par les Lettres, ou sans condition, quand l'affranchissement étoit pur & simple, ce qui arrivoit très-rarement.

Mais dans les deux cas, il est également sensible que la franchise a été dans les siecles les plus reculés une exception à la regle generale qui établissoit la servitude des Roturiers; c'est pour cela que les anciennes Coutumes ont voulu que cette exception fût justifiée par Lettres. Voilà ce qui étoit en usage en Champagne & en Brie de tems immémorial avant 1224, usage que les Comtes de Champagne ont conservé & qui s'est maintenu dans ces Provinces, comme l'article 189 de la Coutume de Meaux le justifie, ainsi que les Coutumes de Reims, de Châlons & Vitry, & comme il est prouvé par toutes les anciennes Chartes des Comtes de Champagne rapportées dans le Chapitre premier.

Il y a plusieurs autres dispositions dans ces anciennes Coutu- de Champagne qui méritent attention.

L'article 13. défend à tous mainmortables, ou taillables de vendre leurs héritages, sans le consentement du Seigneur, & il ajoute que sans cela, le Seigneur peut prendre les héritages & les mettre en son Domaine comme son propre.

L'article 29. détermine les cas où le Seigneur doit exercer ses droits sur les mainmortables, & les portions qu'il doit prendre dans ses biens.

L'article 30. veut que l'héritage qui est mouvant de *Censive*, & qui est échu à un Seigneur par main-morte, soit remis à une autre personne qui paye la *Censive*, & que cette personne soit de la même condition que le main-mortable décédé.

Et enfin, l'article 50 établit la peine de confiscation de l'héritage contre tout vassal & Censitaire qui aura désavoué son Seigneur, voici les termes de cet article. *Generale Coutume est en Champagne que quiconques met la main à héritages & les saisit, soit pour cause de fie ou défaut de Censive, où de Coutume où de terrages, il n'en doit ôter sa main si on ne l'y noye son droit, & si on l'y noye, il le doit recroire, & prouver, & si il prouve son droit, il emporte l'héritage, & cil qui a fait le noi le perd.*

L'objet de cet article a été d'imposer une peine aux vassaux & censitaires dans le cas du désaveu, en laissant la liberté au Seigneur désavoué de prouver son droit de la maniere qu'il trouveroit la plus convenable, c'est-à-dire, par les vûes & montrées qui étoient en usage, ou par l'enclave de la Seigneurie, ou en justifiant que le censitaire ne relevoit d'aucun autre Seigneur.

Il arriva en 1315. que les Officiers du Roi voulurent troubler les Nobles & Seigneurs de Champagne dans l'éxercice & la perception de leurs droits sur leurs vassaux, hommes & sujets, les Nobles & Seigneurs firent leurs remontrances au Roi Louis X. qui rendit une Ordonnance au mois de Mai de la même année en deux parties.

L'article 12. de la premiere est ainsi conçû, *Itèm, sur ce qu'ils disoient que quand un lor homme où femme de serve condition se Marie à aucune femme ou homme de notre jurée, ils sont empechés que ils ne lievent tailles de lor dis hommes & femmes tant que dure la jurée.* Nous voulons que *ledit empêchement cesse du tout, & qu'ils puissent exploiter lor dis hommes & femmes; comme ils ont anciennement de coutume.*

La seconde partie comprend les dispositions suivantes.

Article 12. *Item, quant à l'aide d'ost, nous voulons & accordons que nos gens députés à ce, se souffrent de prendre & lever ledit aide des hommes ausdits Nobles qui lor sont taillables, haut & bas à lor volonté, & de lor hommes abonnés & de jurée.*

Article 13. *Item, de tous ceux de qui ils sont en saisine de euls garantir de aide d'ost.*

Article 14. *Item, des Eglises qui sont en lor garde, desquels ils sont en saisine de euls garantir & lor hommes.*

Article 15. *Item, des hommes des Eglises chevagiers qui ne doivent que chevage, cens annuel & li sire y a le tout.*

Article 16. *Item, des démourans en lor justices sur qui ils ont mainmorte.*

Cette Ordonnance fût confirmée par des Lettres-Patentes accordées par le même Roi aux Nobles de Champagne au mois de Juin de la même année; les termes en sont importans.

Loys par la grace de Dieu, Roi de France & de Navarre, faisons sçavoir à tous présens & avenir, que nous aux Nobles & subjets de notre Comté de Champagne, à lor supplications octroyons par la teneur de ces présentes Lettres, que nous à toujours-mes-perpetuellement contre tous nos Officiers quelqu'ils soient de notre dit Comté, & sur le portement d'euls, présens & avenir, ferons faire géneraux enquêtes de trois ans en trois ans, & si adjoutant à ce octroi & par ces présentes Lettres, mandons, commandons & enjoignons à tous & à chacun nos justiciers de la Comté de Champagne présens & avenir, que il & chacun d'euls les articles que nous avons octroyés ausdits Nobles & subjets, & déclairiés en la fourme & la maniere que eles sont contenues en nos autres Lettres sur ce faites, tiegnent & gardent & fassent tenir, & garder fermement à toujours-mes-

perpetuellement lesdits articles & tout ce que contenu y est notre Bailly & notre Prevost de ladite Comté présent & avenir tuit & chacun d'euls de ci en avant à toujours jureront sur les sains Evangiles en lor premiere assise en lors premiers plais, tenir & garder fermement & loyaument sans corrompre, & promettons d'accomplir & garder & tenir à toujours perpetuellement, & à ce obligeons nous & nos hoirs.

Et pour que ces choses soient à jours mais fermes & estables, nous avons fait mettre notre Scel en ces Lettres, qui furent faites & données au mois de Juing à Paris, l'an de grace 1315.

Ces Ordonnances sont rapportées dans le nouveau Recueil des Ordonnances, pag. 581, & par M. Brussel dans son Livre intitulé : *Nouvel Examen de l'usage general des Fiefs en France*, tom. 2. dans la compilation des Chartes, Lettres Patentes & Ordonnances.

Ainsi voilà la proprieté des Fiefs reconnue & approuvée par le Souverain, en faveur des Seigneurs de la Province de Champagne.

Telle étoit la situation des choses en 1315. Il est vrai qu'au mois de Juillet de la même année, Louis X. donna une Ordonnance, par laquelle après avoir exposé la Coutume qui regnoit, dit-il, *de grande ancienneté dans son Royaume*, & qui tenoit *dans la servitude* le commun du peuple, voulant, ajoute-t-il, donner l'exemple *à tous les autres Seigneurs qui ont des hommes de corps*, Il accorda un affranchissement general à toutes les personnes de condition servile qui étoient dans les Terres *de son Domaine*, & les exemta des droits de main-mortes, formariages & autres dépendans de la servitude personnelle, & ce *au moyen d'un certain dédommagement qu'il ordonna être arrêté avec eux, de maniere qu'il fût une récompense suffisante de tous les droits de servitudes qu'il perdoit.*

Cette Ordonnance qui ne concernoit que les Terres du Domaine du Roy, ne fût donnée aux autres Seigneurs que pour un *exemple*, mais qui ne leur imposoit aucune obligation.

Le plus grand nombre ne fût pas curieux de le suivre, soit

parce qu'ils ne voulurent pas changer leurs droits, soit parce qu'ils ne convinrent pas d'une indemnité proportionnée avec leurs sujets.

Cela est si certain, qu'en 1340 il arriva dans la ville de Laon une grande émotion populaire contre le Chapitre de l'Eglise Cathédrale de la part des Habitans de vingt-un Villages de sa Seigneurie, & qui étoient sujets envers le Chapitre, *à la Taille à volonté*, comme *hommes de Corps*; cette émotion causa tant de désordres, que le Roy Philippe de Valois envoya ses Commissaires pour y remedier, il fût passé en leur présence & de leur autorité une Sentence arbitrale, par laquelle il fût dit que le Chapitre, au lieu de tous les droits de servitudes qui lui appartenoient sur les personnes, se contenteroit d'une Taille réelle, fixe & déterminée, qui fût répartie proportionnellement sur tous les héritages des vingt-un Villages; ces Habitans prétendirent dans la suite ne devoir point *les lods & ventes* sur le fondement de la Sentence de 1340, ils mirent à leur tête les Chartreux du Val Saint Pierre, mais malgré tous leurs efforts, ils furent condamnés à payer les lods & ventes, comme étant les Censitaires du Chapitre.

La preuve incontestable que les droits subsisterent au profit des Seigneurs dans la Province de Champagne depuis l'Ordonnance de Louis X. de 1315, résulte singulierement de l'Ordonnance de Philippe V, dit le Long, donnée à Paris le 20 Août 1319, adressée aux Baillifs de Troyes, de Meaux, de Vitry & de Chaumont, elle est rapportée à la suite de celle de Louis X. elle porte expressément que les Nobles de ces Baillages n'auront point les Epaves & Bâtards qui ne seront pas nés de leurs femmes de corps; mais *les Tailles, mortemains & connoissance des Bâtards nés de leurs femmes de corps & en leurs Terres, où ils ont toute Justice*; on reconnoissoit donc encore ces sortes de droits après l'affranchissement donné par Louis X pour les Terres de son Domaine *seulement*.

Toutes ces dispositions des anciennes Coutumes autorisées par les Ordonnances, & qui formoient le droit general en Champagne, ont été suivies & observées singulierement dans le Baillage de Vitry; cela est si certain, que l'article 103 des anciennes usances de Vitry, dont les Gens du Tiers-Etat ont voulu

voulu argumenter en differentes occasions, est conçû dans les mêmes termes que l'article 50 des Coutumes de Champagne; on prouvera dans la seconde Partie, que les subtilités ausquelles ils ont eu recours pour faire entendre que cet article leur étoit avantageux, se dissipent par les réflexions les plus solides; ce n'est pas par une seule disposition que la Noblesse & le Clergé établissent la preuve du droit general, c'est par toutes celles qui ont trait à la matiere; elles ont toutes été faites dans le même esprit, leur objet a été de fixer le droit des Seigneurs sur les Roturiers, & de n'admettre aucune franchise qu'elle n'eût été établie par Lettres ou Privileges. Voilà le point essentiel & décisif auquel on ramenera toujours le Tiers-Etat pour lui faire sentir que c'est aux Particuliers qui prétendent posseder le Franc-Aleu, à le justifier, & à prouver l'affranchissement ou l'exemption.

L'ancien usage s'est tellement conservé dans la Coutume de Vitry, qu'en 1509, lorsque les Gens du Tiers-Etat prétendirent faire insérer dans la Coutume de Vitry, que toutes Terres en Champagne étoient réputées franches de censive & autres redevances; le Clergé & la Noblesse soutinrent *que de ce il n'y avoit Coutume audit Bailliage, & que les sujets d'icelui ne pouvoient tenir Terre sans Seigneur & lui en payer censives & droitures.* Sur quoi Messieurs les Commissaires ordonnerent *que les Parties ecriroient & produiroient afin d'y être pourvû par la Cour, & que cependant les Gens d'Eglise & les Nobles useroient sur leurs sujets de tels droits qui pouvoient leur compéter & appartenir, en réservant aux sujets leurs défenses au contraire.*

Il n'est pas difficile de distinguer de quel côté étoit la vérité, en rapprochant des anciennes Coutumes les prétentions respectives, & en considerant que le Tiers-Etat ne pût établir en aucune maniere la prétendue franchise qu'il avoit alleguée.

Le Clergé & la Noblesse soutinrent *unanimement* la Censive universelle, parce qu'elle étoit le droit ancien & le droit général, & parce qu'ils en jouissoient alors; le tiers-Etat n'auroit pû prouver l'altération ou le changement de ce droit ancien & général qu'en rapportant des affranchissemens. Or il ne l'a pas pû en 1509; il ne l'a pas pû depuis pendant 235 ans, sur quoi donc ont été fondées les clameurs de 1743? c'est ce qu'il n'est pas possible de pénétrer.

Les Seigneurs ont été conservés par provision dans l'exercice de leurs droits en 1509, ils ont continués d'en user comme ils avoient fait depuis plusieurs siécles avant 1509; le tiers-Etat au contraire est demeuré dans le silence. Ceux de cet Etat qui vivoient au temps que le différend a été renvoyé en la Cour, n'ont pas osé agiter la question. Ceux qui l'ont agitée depuis, ont été condamnés à payer le Cens, comment ceux qui vivent à présent, osent-ils dire qu'ils sont dans une Coutume de Franc-Aleu? L'allégation est-elle plus vraie actuellement qu'elle ne l'étoit en 1509? Peut-elle s'accorder mieux aujourd'hui avec les anciennes Chartes & Coutumes qu'en 1509? & s'il est évident que le tiers-Etat n'a en sa faveur que de vaines allégations, n'est-il pas juste de l'obliger à suivre ce qui est écrit dans les anciennes Coutumes, & ce qui étoit universellement observé dans le Pays, lors même de la rédaction de la nouvelle Coutume?

CHAPITRE QUATRIE'ME.

Des Textes de la Coutume de Vitry rédigés sans contestation en 1509.

LEs Seigneurs pourroient se borner à prouver la non allodialité de la Coûtume de Vitry par les dispositions mêmes qu'elle renferme & qui ont été consenties & reconnues par les trois Etats; une quantité d'articles qui composent la plus grande partie de cette Coûtume démontre invinciblement qu'elle n'a jamais été ni pû être allodiale, c'est à la lettre de ces differens articles & à leur véritable sens qu'il est nécessaire de se fixer, & afin d'en faire mieux sentir tout le poids, on divisera ce chapitre en trois réflexions.

PREMIERE REFLEXION.

Quelques recherches que l'on puisse faire dans les Textes de la Coûtume de Vitry, on n'en trouve pas un qui exprime que le Franc-Aleu y est établi généralement sans titre; après plufieurs dispositions où il est parlé de la saisine, des lods & ventes & du retrait censuel, sont placés les articles 19 & 29, voici les termes dans lesquels ils sont conçûs.

ART. 19. *Audit Baillage y a Franc-Aleu Noble & Franc-Aleu Roturier, & est Franc-Aleu Noble, quand il y a Seigneurie & Haute-Justice, dont le détemteur n'est tenu de foy, & hommage, service, ou autres droits Seigneuriaux à quelque personne que ce soit.*

ART. 20. *Et Franc-Aleu Roturier est terre sans Justice, pour laquelle le détemteur ne doit Cens, rentes, lots, ventes, vestures, ni autres redevances.*

La véritable signification de ces deux textes est qu'il y a dans cette Coutume des portions de terres affranchies, soit en fiefs soit en rotures; c'est ce que l'on ne conteste pas; mais cela n'établit point le Franc-Aleu, comme étant de droit général, au contraire l'expression du Franc-Aleu n'a été mise que comme une exception à la regle.

Si le Franc-Aleu eut été de droit général, il y auroit eû une disposition en ces termes, *tout heritage est franc qui ne le montre serf.* Voilà ce qui seul peut établir le Franc-Aleu de droit général, & comme l'espece dominante dans une Coutume; mais lorsqu'il est dit simplement qu'il y a du Franc-Aleu dans une Coutume, ce n'est qu'une indication des affranchissemens de quelques portions de territoires, & sans laquelle tout seroit chargé de Cens indistinctement; il est donc vrai que la seule énonciation du Franc-Aleu ne prouve point du tout l'allodialité d'une Coutume.

Pour se convaincre plus parfaitement de cette vérité, il n'y a qu'à jetter les yeux sur l'article 68 de la Coutume de Paris, ainsi conçû. *Franc-Aleu auquel il y a Justice, Censive, ou fief mouvant de lui se partit comme fief noble, mais où il n'y a fief mouvant de lui, Justice, ou Censive, il se partit roturièrement*; voilà précisément la même disposition que celle de la Coutume de Vitry: or il est certain que la Coutume de Paris n'est point Allodialle, par conséquent celle de Vitry ne l'est pas non plus.

Cette conséquence n'est pas fondée seulement sur la comparaison de ces deux Coutumes, il y en a d'autres en assez grand nombre qui énoncent le Franc-Aleu, parce qu'il y a eû des portions de territoires affranchies dans ces Coutumes de même que dans celles de Paris & de Vitry, mais toutes ces Coutumes ne laissent pas d'être censuelles, parce qu'elles n'ont point établi l'affranchissement général comme le droit commun, & que pour une disposition indicative de quelques Franc-Aleu, elles en renferment une infinité pour établir le Cens & les droits Seigneuriaux.

SECONDE REFLEXION.

Quand on examine atttentivement les dispositions principales de la Coutume de Vitry, on a tout lieu de s'étonner de la difficulté que le tiers Etat fit naître en 1509 sur l'article 16 de cette Coutume, voici le texte de six articles principaux dont les trois Etats furent d'accord.

ARTICLE 140. *Quand un Vassal manumet son homme de corps, il vient & retourne de ce même fait au Roy, en pareille condition qu'il étoit à son Seigneur avant ladite manumission & avant qu'il soit Franc, il faut payer finance dont les Commis sur le fait des francs fiefs, nouveaux acquêts & manumis ont accoutumé traiter & composer.*

Nota. C'est l'article 29 des anciennes Coutumes de Champagne.

ARTICLE 141. *Par la Coutume dudit Baillage, les Seigneurs qui ont Gens de corps qui sont de mainmorte, quand tels serfs vont de vie à trépas sans hoirs de leur corps de ladite condition en leur voulrie, leurdit Seigneurie leur succede en meubles & heritages, ou en l'un d'iceux, selon la condition dont ils sont, & se partent les enfans de cette condition d'avec leur pere & mere par âge, par mariage & par tenir feu; & lieu & s'il avient qu'une personne de ladite condition décede & délaisse enfans, soit en sa voulrie, ou départis de lui au jour de son trépas & l'un desdits enfans décede après sans hoirs de son corps, ledit Seigneur aura sa morte-main, c'est à sçavoir la portion qui appartenoit audit enfant.*

Nota. C'est l'article 30 des anciennes Coutumes de Champagne.

ART. 142. *Par autre Coutume generale, quand un homme, ou une femme de serve condition décede sans hoir procrée de son corps en bas âge & minorité, quoiqu'il soit en la puissance & gouvernement de tel decedant, & de semblable condition & servitude, la succession de tel homme, ou femme de corps compéte & appartient à sondit Seigneur par droit de main-morte selon la condition dudit homme ou femme, c'est à sçavoir que si tel décedant étoit de main-morte de meubles & d'heritages, lesdits meubles & héritages appartiendroient audit Seigneur qui est à entendre des meubles, en quelque lieu qu'ils soient assis & des immeubles ès lieux ou heritages échéent en main-morte, & s'il n'est de main-morte que de l'un, ledit Seigneur ne prendra que ce qui chet en morte main, & les héritiers du deffunt, posé ores qu'ils ne soient de telle condition, mais franches personnes ou d'autre condition, emportent ce qui ne chet en morte main, de laquelle succession ledit Seigneur après le decès de sondit homme ou femme de corps se peut porter & nommer saisi & vétu & en possession & saisine, à la charge de payer les dettes pour autant qu'il prendra de ladite succession au marc la livre, & ainsi en a t on usé le tems passé*

ART. 143. *par même Coutume un homme ou femme de corps & de serve condition qui est hors voulrie & puissance de pere & mere, que l'on dit usans de leurs droits en quelque lieu qu'ils soient demeurans, hors lieux francs, sont tenus payer par chacun an à leurs Seigneurs telles & semblables redevances qu'ont payé leurs prédecesseurs & que payent de present ceux de semblable condition & servitude.*

Art. 144. est aussi Coutume *notoire* audit Bailliage, que *l'homme de corps ne peut prendre par mariage femme d'autre condition que de la sienne, sans le congé de son Seigneur, lequel congé ledit Seigneur ne lui baillera, si bon ne lui semble, & si tel homme de corps prend de fait, sans le congé de sondit Seigneur, femme d'autre condition que celle dont il est, il chet pour ledit formariage en amende envers sondit Seigneur pour le contemnement qui est de 60 sols 1 denier, & où il a demandé le congé à sondit Seigneur, posé ores qu'il ne l'ait obtenu, & depuis il s'est formarié, il n'est tenu des 60 sols 1 denier; car il n'y auroit contemnement, mais soit qu'il l'ait demandé, ou non demandé, il est formarié, il doit à sondit Seigneur pour son indemnité le tiers de ses meubles tels qu'il les a au jour & heure dudit mariage, où il est seulement de condition de main-morte de meubles, & s'il étoit avec ce de mortemain d'héritages, sondit Seigneur prend avec le tiers des meubles, le tiers de ses héritages qu'il a pareillement audit jour assis ès lieux où mortemain d'héritages a lieu, & ainsi en a-t'on usé par le temps passé.*

Nota. Confirmé par l'art. 12. de l'Ordonnance de Louis X. du mois de Mai 13 5. donnée en faveur des Nobles de Champagne.

Nota. Confirmé par l'art. 9. de la même Ordonnance de 1315.

Art. 145. *Tous hommes ou femmes de corps sont audit Bailliage de poursuite, en quelque lieu qu'ils aillent demeurer, soit lieu franc, ou non, & les peuvent leurs Seigneurs réclamer & faire réclamer si bon leur semble, car tels hommes & femmes de corps sont censés & réputés du pied & partie de la terre, & se baillent en aveu & dénombrement par les Vassaux avec leurs autres terres.*

Le texte assure que toutes ces dispositions sont des Loix générales; il est dit *par Coûtume générale, par Coûtume notoire:* ainsi voilà la main-morte réelle & personnelle, établie, reconnue & avouée par le tiers état dans la Coutume de Vitry. Peut-on hésiter à en conclurre que la prétendue franchise générale est une chimére & une illusion?

Il y a eu deux Commentaires de cette Coutume depuis la rédaction de 1509; le premier est l'ouvrage de Me de Salligny; on y voit qu'il a commenté ces six articles comme tous les autres, & que sur l'Article 144. il rapporte une contestation arrivée en 1558, sur la question de sçavoir *si la femme tomboit en formariage;* il observe qu'il y eût une enquête par Turbes ordonnée à la poursuite du Seigneur de Changy, par laquelle il fut justifié que la femme ne tomboit point en formariage; & sur l'article 145. en parlant du droit de poursuite, il entre dans des distinctions, & il fait mention d'un Arrêt rendu contre les Seigneurs d'Attecy, en faveur d'un Seigneur qui avoit répété son homme de corps; cela prouve que ces dispositions ont été observées depuis le Procès verbal de 1509, & qu'à plus forte raison elles l'étoient encore lorsque la Coutume a été rédigée.

Le même Commentateur sur l'Article 6. de cette Coutume, est convenu de bonne foi que *tout le peuple étoit de condition servile à la Campagne; & que quand quelque Forain venoit habiter la terre d'un Seigneur, il devenoit son Serf, ainsi qu'on le peut inferer de l'Article 58. du Coutumier de Champagne.*

Le second Commentaire est celui de Me Estienne Durand, c'est un ouvrage nouveau; les six Articles retracés l'ont fort embarrassé; il n'a point trouvé d'expédient plus propre pour s'en tirer, que celui de dire que ces Articles n'ayant plus d'usage particulier, *Ils ne servent que pour interpreter le reste de la Coutume.*

Si cela eſt vrai, il en réſulte une impoſſibilité abſolue de regarder cette Coutume comme allodiale, parce qu'il n'y a rien de plus contraire à l'allodialité que la Servitude *générale & notoire.*

Auſſi n'y a-t'il eu dans cette Coutume qu'une converſion de la main-morte perſonnelle & réelle en droits de bourgeoiſie, corvées, four, moulin, Preſſoirs bannaux, droits de feu, de tirage & autres preſtations, c'eſt ce que le même Auteur dit formellement ſur l'Article 6. Voici ſes termes. *Saligny explique ſous cet Article les circonſtances de cet affranchiſſement* (qui eſt celui des Bourgeois du Roi;) *mais cela eſt plus curieux qu'utile dans ce temps-ci, où les Charges de la Servitude ſont commüées en preſtations annuelles, & autres qui ſont différentes, & appellées droit de bourgeoiſie, corvées, four, moulin, preſſoirs bannaux, &c.*

On ne prétend point diſconvenir que les Charges de la Servitude perſonnelle n'ayent été commüées par les Seigneurs dans preſque toute l'étendue de la Coutume; mais les droits qu'ils ont ſubſtitués volontairement à l'ancienne Servitude, ſont-ils des preuves de cette allodialité & de cette franchiſe générale que le Tiers-Etat ſoutient être le droit commun? Ne ſont-ils pas repréſentatifs de cette ancienne Servitude? N'atteſtent-ils pas qu'elle a toujours été le droit commun & le droit général? Ne ſont-ils pas la preuve & la démonſtration de la cenſualité univerſelle des héritages?

C'eſt un principe inconteſtable que les moindres droits réſervés par les Seigneurs ſuppoſent néceſſairement le Cens, il peut conſiſter en argent, ou en grains, & même dans les objets les plus légers, tels qu'une fleur, un oiſeau, ou quelque choſe de ſemblable. *Non refert an nummis, an aliâ quantitate, fructu aut ſpecie conſtet Canon cenſualis, quin etiam in flore, ave, vel ſimili ludicro, ſi ità placuerit, conſiſtere poteſt.* Dumoulin tit. des Cens, gloſſ. 1. in verbo Seigneur foncier ou cenſier, §. 16.

Chopin, Loyſeau, & Pocquet de Livonniere diſent la même choſe: ainſi la différence des droits n'eſt d'aucune conſidération, il ſuffit que l'aſſujettiſſement général ait été le droit commun dans le principe, & qu'il ait été reconnu par le Tiers-Etat en 1509, pour en conclurre que tous ceux qui n'ont point de titres de franchiſe, doivent au Seigneur la reconnoiſſance de ſon Domaine direct & ſupérieur.

En un mot, l'idée de la franchise générale ne fut jamais conciliable avec la main-morte universelle, ni avec les redevances qui la représentent, & qui supposent nécessairement le Cens, en quoiqu'il puisse consister ; ainsi l'allodialité prétendue par le Tiers-Etat doit s'évanouir.

TROISIEME REFLEXION.

Si l'on vouloit consulter quantité d'autres dispositions de la Coutume de Vitry, dont le Tiers-Etat a été d'accord en 1509. Que n'y trouveroit-on pas pour assurer la censualité universelle ?

L'Article premier attribue aux Seigneurs Hauts-Justiciers les biens vacans & confiscations, soit à cause de leur Haute-Justice, *ou de leurs hommes & femmes de corps* par succession, confiscation, *ou autrement* ; il ajoute *que les Hauts-Justiciers ont aussi droit de prendre les biens des bâtards nés de leurs femmes de corps en leurs Justices quand ils décedent sans hoirs procrées de leurs corps en loyal mariage, soit en leurs Justices, ou ailleurs.*

Les Articles 3, 15 & 17, confirment cette disposition.

L'Article 18. établit *les lods & ventes, vétures, amendes, & le retrait censuel.*

L'Article 21. établit le relief en faveur du Seigneur féodal, en cas que la femme qui tient en douaire des terres nobles se remarie.

L'Article 23, ne permet au Vassal de démembrer son Fief, ni d'en vendre partie sans le consentement du Seigneur féodal ; il lui permet seulement de donner à titre de Cens une partie de son Fief, pourvû que le Cens soit suffisant & raisonnable.

L'Article 24. établit que les Gentilshommes ne peuvent vendre leurs Fiefs, sans que les Seigneurs n'y prennent les droits de quint & requint, sinon pour trois ans.

L'article 29. veut que de tout héritage féodal qui vient en ligne collaterale, il soit dû au Seigneur relief ou rachat.

L'article 30. établit le quint denier dans plusieurs especes de donations, & le quint & requint dans les échanges quand il y a soulte.

Les

Les articles 31. 32. & 33. établissent le quint dans les acquisitions des rentes sur les terres nobles, ou quand la terre féodale est laissée moyennant une redevance annuelle, ou quand la vente éxcéde trois années.

L'article 38. donne au Seigneur féodal le Droit de prendre le Fief que son Vassal a vendu pour le prix de la vente & de le réunir à sa terre.

L'article 40. établit la confiscation du Fief contre le Vassal qui a dénié son Seigneur.

L'article 41. donne au Seigneur féodal *par Coûtume notoire*, le Droit de saisir après le trépas du Vassal, faute d'hommes, droits & devoirs non faits & non payés.

Les articles 42. 43. & 44. assujettissent les Vassaux aux dénombremens & à la foi & hommage.

L'article 45. oblige le Vassal *à exhiber son titre d'acquisition*, & à l'affirmer par serment pour cause des fraudes qui pourroient avoir été faites *au prejudice des Droits féodaux*.

L'article 46. interdit aux Roturiers la possession des Fiefs.

L'article 47. assujettit le frere aîné, qui a acheté de ses puînés à prix d'argent le Fief qui leur appartenoit par partage fait avec eux, à payer le quint & requint au Seigneur.

L'article 49. porte que *le Vassal ne prescrit point contre son Seigneur*, ni le Seigneur contre son Vassal.

L'article 117. établit *les lods & ventes de 20 deniers pour livre* dans les cas de ventes des heritages chargés de Cens envers le Roi, *ou autres Seigneurs*.

Enfin l'article 126. établit la saisine.

L'on remarque au surplus par le texte des articles 76. & 132. que quand il y a eu des restrictions autorisées par l'ancien usage pour certains lieux, les trois Etats y ont consenti; l'article 76. énonce, par exemple, les lieux de Senchy, Cormaise, Baisu, Chemion, Bassuet, Saint Marc sous le Mont-Moru, & Larzicourt, & il restraint la disposition comme locale à ces endroits; de même l'article 132. restraint sa disposition aux Prevôtés de Vitry & de Larzicourt, d'où il suit que toutes les autres dispositions ont pour objet la totalité de l'étenduë des lieux régis par la Coutume sans distinction.

On ne sçauroit disconvenir que des differens articles que l'on vient de retracer, naissent les véritables caracteres qui rapprochent la Coutume de Vitry des Coutumes non allodiales, & qui sont absolument incompatibles avec le systême de la franchise universelle.

De quel poids ne sont-ils pas pour la décision, lorsqu'on voit que contre tant de dispositions generales pour les Droits Seigneuriaux, il n'y en pas une seule pour établir le Franc-Aleu, ou qui indique la franchise des héritages, comme étant de droit commun ?

CHAPITRE CINQUIE'ME.

Des Lettres de Terrier de Champagne, & des Arrêts rendus en consequence.

TOutes les preuves & tous les caracteres de censualité que l'on vient de remarquer dans la Coutume de Vitry, subsistoient & étoient connus de tems immémorial : cependant en l'année 1603 quelques Officiers de la Province de Champagne ayant été commis par le Roi pour la confection du Papier Terrier de son Domaine & la recherche de ses Droits, ils crûrent que certaines dispositions qui leur paroissoient obscures dans les Coutumes, exigeoient d'eux des remontrances, ils se pourvûrent au Conseil, & voici les termes dans lesquels leurs remontrances furent conçues en l'article 10.

Que plusieurs occupent terres & héritages dans l'étenduë des Terres où Sa Majesté est Seigneur & Haut Justicier, prétendant êtres franches & de Franc Aleu, comme aussi de Cens, rentes, & autres devoirs & droits Seigneuriaux, qui ont été appellés pardevant lesdits Commissaires à la diligence du Procureur de Sa Majesté, pour montrer & faire apparoir des titres en vertu desquels ils prétendent lesdits héritages être francs de toutes servitudes, & si c'est de Franc-Aleu ou autrement, de quoi ils sont refusans, sous prétexte de la longue jouissance & possession, en quoi Sa Majesté a un notable intérêt d'être éclaircie; car si cela avoit lieu, les Terres qui sont en la Seigneurie de Sa Majesté, seroient plus libres aux possesseurs que celles des Seigneurs particuliers sous lesquels nul ne possede sans titre, *& sur cet exposé ils demandérent qu'il plût à Sa Majesté de déclarer sa volonté, suivant l'Ordonnance du feu Roi François.*

En marge de ces remontrances fut écrit : *Sa Majesté a ordonné que tous ceux qui occupent terres & héritages dans l'étenduë de ce qui est assis dans sa Seigneurie, seront réputés être en la Censive de Sa Majesté, & comme tels, seront censés & inscrits au Papier terrier, sauf s'ils font apparoir des titres au contraire. Fait & arrêté au Conseil d'Etat tenu pour les Finances à Paris le 17 Avril 1603.*

Il y a deux observations importantes à faire sur cette décision; la premiere est que les Officiers de la Province de Champagne qui avoient été préposés par le Roi, bien instruits des usages & Coutumes de leur Province, avouérent & reconnûrent que dans toutes les Terres des Seigneurs particuliers, nul ne possedoit, sans titre, en franchise ou Franc-Aleu. Une pareille déclaration faite après des instructions éxactes & en pleine connoissance, ne permet pas de douter que la Province de Champagne ne fût jamais un Pays de Franc-Aleu; la seconde est que Sa Majesté a jugé disertement la question que les Gens du Tiers Etat agitent aujourd'hui contre les Seigneurs; c'est-à-dire, qu'on ne devoit reconnoître dans cette Province d'autres affranchissemens que ceux qui seroient justifiés par titres, sans quoi tout devoit être réputé en Censive.

En vain diroit-on que cette décision ne regarde que les Domaines du Roy. 1°. Tout le monde sçait que les Domaines du Roy se régissent suivant les Coutumes des lieux où ils sont situés, & que les Censives du Roy sont de la même espece que celles des Seigneurs Particuliers; elles ont toutes la même source, la même origine; elles ont toutes la même cause & le même objet. 2°. Ce que le Roy a ordonné pour ses Domaines de Champagne, n'a été qu'en conformité de la regle, *nulle Terre sans Seigneur*, en conformité des anciennes & nouvelles Coutumes de Champagne, & en conformité de l'usage universel du Royaume.

Mais ce qui trancheroit en un mot une pareille objection, est l'Arrêt de la Cour rendu contre les Mayeurs, Echevins & Habitans du Bourg d'Ay, en faveur de M. Amelot de Chaillou.

Ces Habitans n'oubliérent rien pour faire valoir la prétendue franchise de la Coutume de Vitry contre M. Amelot, qui n'avoit point de Titre; ils dirent entr'autres choses que M. Amelot vouloit établir sur eux une servitude inouie, & qui n'avoit jamais été observée au Pays de Champagne, en les assujettissant à payer censives, lods & ventes des héritages par eux possédés dans tout le Terroir d'Ay, sans Titre & possession, directement contre toutes les Coutumes du Pays de Champagne, & particulierement celles de Chaumont, Troyes & Vitry, *dans le ressort de laquelle Coutume de Vitry est assis le Bourg d'Ay*, par lesquelles tous héritages sont réputés francs & de Franc-Aleu, s'il n'apert du contraire.

M. Amelot se renferma pour toute réplique dans la regle, *nulle Terre sans Seigneur*, & par Arrêt du 7 May 1626 donné en la cinquiéme Chambre des Enquêtes, les Habitans d'Ay furent condamnés à payer les cens, lods & ventes des héritages par eux possedés dans tout le Territoire. Les termes dans lesquels l'Arrêt est conçû, méritent d'être retracés.

Lesdits Maire & Echevins, Procureur, Syndic, Manans & Habitans, condamnés à payer les arrérages des cens des héritages par eux possédés au dedans du Bourg & Territoire d'Ay depuis l'année 1587, exhiber les Contrats des acquisitions par eux & leurs Auteurs faites depuis ledit temps, au dedans du Bourg & Territoire, payer les lods & ventes, saisines & amendes pour ce dûës, passer Titres nouvels &

Reconnoissances desdits Cens & continuer à l'avenir, sans préjudice de l'exemption prétenduë par les Détempteurs, laquelle exemption ils seront tenus justifier par Titres & concessions à eux faites par nous & nos prédecesseurs de tenir les héritages en Franc-Aleu.

La même chose avoit été jugée par Arrêt du 20 Jüin 1609 au profit de la veuve du sieur Martin le Quien, contre plusieurs Particuliers de la Terre de Juvigny, qui furent condamnés à payer *le Cens à raison des Terres circonvoisines*; preuve sensible qu'il n'y avoit pas de Titres contr'eux, mais il suffisoit qu'ils n'en rapportassent point de leur part pour constater un affranchissement.

Ainsi il est décidé par le Ròy & par la Cour dépositaire de son autorité, qu'on ne doit reconnoître aucun Franc-Aleu dans la Coutume de Vitry qui ne soit justifié par Titres, & par-conséquent il est impossible d'introduire l'allodialité dans cette Coutume.

CHAPITRE SIXIE'ME.

Des Avis & suffrages des Auteurs.

SI les regles du Droit & les anciens usages peuvent déterminer sur la qualité d'une Coutume, il faut convenir que les suffrages des Auteurs méritent une grande consideration dans la matiere, parce qu'ils indiquent les routes assurées, non-seulement pour connoître le caractere d'une Coutume, mais pour déterminer sur qui tombe l'obligation de justifier le Franc-Aleu, quand il est allégué.

Les Seigneurs ont cet avantage que les Auteurs les plus fameux & les plus accrédités se réunissent pour imposer cette obligation à ceux qui prétendent que leurs héritages sont affranchis; mais comme les uns ont retracé les principes généraux, & les autres ont parlé de la Coutume de Vitry & des circonvoisines, il est à propos de présenter leurs avis en deux différentes classes.

PREMIERE CLASSE.

Plusieurs Auteurs anciens ont tenu pour principe certain, qu'il n'y avoit rien d'allodial dans le Royaume, parce que tout y étoit tenu médiatement, ou immédiatement du Roi.

On a vû dans le Chapitre second, que Petrus Jacobi, qui vivoit sous Philipe-le-Bel & Philipe de Valois, avoit donné pour maxime certaine dans son Traité de Success. Regni Franciæ, qu'on n'admettoit point de franchise ou d'allodialité en France; *nihil esse in regno Franciæ allodiale, sed omnia teneri à Rege.*

Joannes Faber sur la Loi *cunctos populos*, & sur la Loi premiere, au code de Jur. emphyt. a attesté la même chose, avec cette différence, qu'il a donné pour raison que toutes les Terres étoient chargées de cens ou de redevances. *In regno Franciæ omnes terræ vel quasi feudales, vel aliis pensionibus, seu censibus affectæ, ità ut possessores quasi omnes sint utiles Domini.* Cet Auteur vivoit sous le regne de Philippe de Valois, & pour confirmer son avis, il cite Guillelmus Durandus qui vivoit vers l'an 1236.

Boërius dans ses Décisions du Parlement de Bordeaux, soutient que c'est une regle certaine que tout est censé tenu & mouvant du Seigneur du Territoire, *omnia censentur teneri sive moveri à Domino territorii.* v. Décis. 229, 231 & 263; [c'est un Auteur d'un Pays de Droit Ecrit.]

M. Maynard qui est Auteur Toulouzain & très-fameux, Liv. 4. chap. 35. dit en termes formels, *que l'on ne peut tenir Terre sans Seigneur dans le Ressort du Parlement de Toulouze, & que celui qui prétend que son héritage est tenu en Franc-Aleu, doit faire apparoitre de Titre exprès & spécial, autrement qu'il peut y être imposé Cens*; il ajoute *que cette regle est suivie à Toulouze & à Bordeaux, Parlemens de Droit Ecrit, & que la présomption de franchise naturelle s'entend proprement des servitudes & des Charges reelles & personnelles, mais non pas de reconnoissance & payement de certains droits envers le Seigneur, & encore moins envers le Roi.*

C'est aussi ce qui est attesté par Graverol dans ses Notes sur le premier article du premier chapitre du Traité des Droits Seigneuriaux par la Roche Flavin, où il dit, que *dans la Province de Guyenne, la maxime, nulle Terre sans Seigneur; s'y prend au pied de la lettre.*

Si cela est vrai dans les Pays de Droit Ecrit, comment seroit-ce un problême dans un Pays Coutumier?

Despeisses en son Traité des Droits Seigneuriaux, tit. 2, n. 2. dit que *le Seigneur qui montre avoir baille un Territoire limité, & que la Terre dont les Droits sont demandés, est chose dans les limites de son Territoire, n'est oblige de faire autre preuve de ses droits Seigneuriaux; mais qu'en ce cas le Tenancier est tenu de reconnoître & payer les droits Seigneuriaux comme les autres circonvoisins & à proportion de ce qu'il y possede, sinon qu'il fasse apparoir de l'affranchissement de sa Terre.*

Socin en son Conseil 86, liv. premier, est du même avis: il dit que les Seigneurs qui ont de toute ancienneté un Territoire limité, ont aussi la directe & la Jurisdiction. *Quisquis habet ab antiquo Territorium limitatum in dominio directo terrarum, & Jurisdictionis earum, est fundatus in utroque, infrà metas ejusdem.*

Bacquet dans son Traité des Francs-Fiefs, chap. 2. n. 23 & 24, soutient comme M. Maynard, que *la présomption de la franchise des heritages ne peut être reçûe en France, & que quand on dit que tous heritages sont presumés libres, cela s'entend proprement de Charges reelles & de service personnel, mais non pas de reconnoissance & payement de certains droits au Seigneur.* Il ajoute, que *quand il n'y a point de Titre de Franc-Aleu, on impose le Cens sur les heritages qui se paye au Roi, eu égard aux prochaines Terres.* C'est suivant cette derniere maxime, que les Arrêts ont adjugé le Cens aux Seigneurs tel qu'il se payoit sur les Terres circonvoisines. Il cite Balde, Joannes Andreas & Guillelmus Benedictus qui soutiennent comme lui, que *omnes fundi censentur teneri, sive moveri à Domino Territorii in quo siti sunt.*

Coquille sur la Coutume de Nivervois, chap. 7. des rentes & hypoteques, article premier, qui porte que tous héritages sont censés & présumés francs & allodiaux qui ne montre du.

contraire,] soutient que *cet article lors de l'assemblée des Etats, ne fût pas passé pour Coutume arrêtée ; ains sur le contredit, le renvoi en fût fait en la Cour de Parlement* ; il ajoute que *puisque ce n'est pas coutume arrêtée en ce Pays, il faut sçavoir quel est le commun Droit ancien François* ; & après l'avoir expliqué, il finit en ces termes : *Pourquoi, en concluant, je dis que la présomption est pour les Seigneurs, que les héritages de leurs Territoires soient tenus d'eux à fief ou à cens, & que c'est la charge du Détempteur de prouver qu'ils soient allodiaux.*

Basnage sur l'art. 102 de la Coutume de Normandie, dit que *dans les Coutumes qui ne disposent point si le Titre est necessaire de la part du Seigneur féodal ou du Proprietaire du Franc-Aleu, le Seigneur qui a un Territoire universel & continu, à pour lui la présomption du Droit, & que le Proprietaire du Franc Aleu est tenu de produire son Titre.*

Boucheul sur l'art. 52 de la Coutume de Poitou, n. 26. atteste que *dans les Coutumes qui n'expriment pas s'il faut Titre ou non, pour donner lieu au Franc-Aleu, il n'est point reçû sans Titre; de sorte que celui qui prétend tenir son heritage en Franc Aleu, est obligé de le prouver par Titre, autre que celui qui résulte de sa possession.*

Pocquet de Livonniere sur l'art. 140 de la Coutume d'Anjou, au mot *Franc-Aleu*, demande s'*il est presumé tel par l'assertion du Vassal* ; *& il répond qu'il faut dire que non ; bien au contraire*, ajoute-t-il, *le Vassal est tenu d'en faire la foi & hommage, s'il n'a point de Titre qui justifie qu'il ne la doit pas.*

M. Loüet, Lettre C. Som. 21. regarde comme maximes générales, que *nulle Terre sans Seigneur, & que le Cens est imprescriptible.* D'où il s'ensuit que la possession ne peut suppléer le Titre de la part de celui qui allégue la franchise de son héritage.

Auzanet sur l'art. 124 de la Coutume de Paris, établit l'imprescriptibilité du Cens, comme dérivant de la maxime, *nulle Terre sans Seigneur*, c'est donc que par Titre & non pas par possession que le Franc-Aleu peut être justifié.

Brodeau sur l'art. 68. de la Coutume de Paris, dit que la présomption n'est jamais pour le Franc-Aleu, quand le Seigneur a le droit d'enclave, & il rapporte plusieurs Arrêts desquels

quels il tire la conséquence en ces termes; *de sorte que le Seigneur n'est point tenu de justifier d'aucun titre, & ne sert de rien au Vassal d'alléguer le Franc-Aleu, s'il n'en fait apparoir par titre, quand même il seroit fondé sur une possession immémoriale, & de plus de cent ans*, & dans la nouvelle addition est rapporté un Arrêt, qui conformément à ce principe, a jugé le 17 Mars 1608, que bien que le Seigneur ne justifiât d'aucun titre, le détempteur n'avoit pû prescrire le Cens, même par cent ans.

Duplessis dans son Traité du Franc-Aleu chap. 2. assure qu'*en France, si les hommes sont libres, tous les heritages au contraire sont naturellement sujets, & que c'est une des plus anciennes & certaines regles du Droit coutumier que nulle Terre sans Seigneur; ce qui fait que pour justifier la Seigneurie & la dépendance des heritages, il ne faut point de titre contre le sujet, la seule situation suffit, & au contraire pour prétendre qu'un heritage est en Franc-Aleu, il en faut titre, autrement il sera réputé naturellement & de droit commun tenir du Seigneur dans le territoire duquel il est.* L'Auteur ajoute qu'*il est vrai qu'il y a quelques Coutumes en France, où cette regle n'est point reçue, mais ce qui est general*, dit-il, *c'est qu'elle est reçue en toutes celles qui ne disent rien de contraire.*

Les arrêtés de M. le Premier Président de Lamoignon renferment un chapitre du Franc-Aleu, & le second arrêté de ce chapitre porte qu'*ès Païs de Coutumes le Franc-Aleu n'a point lieu, s'il n'y a titre ou reconnoissance, ou autre acte fait avec le Seigneur.*

La Lande sur l'Article 255. de la Coutume d'Orleans soutient, *que dans les Coutumes qui n'ont point d'articles qui etablissent le Franc-Aleu sans titre, comme Paris & Orleans, si quelqu'un prétend tenir en Franc-Aleu, il doit le vérifier par titres, & à faute de ce, payer les droits au Seigneur, comme les heritages voisins.*

Enfin Argou dans son institution au Droit François liv. 2. chap. 3. remarque, *qu'il y a trois sortes de Coutumes dans le Royaume, les unes qui veulent que tout heritage soit reputé franc, si le Seigneur ne montre le contraire. Dans ces Coutumes, il n'est pas necessaire au Proprietaire d'une terre de produire des titres pour montrer qu'elle est allodiale, la Loi du Païs lui sert de Titre. Dans d'autres Coutumes où le Franc-Aleu n'est point reçu sans titre particulier, le Seigneur d'un territoire est bien fondé à pretendre que tous les heritages qui y sont enclavés sont mouvans de son Fief, ou en Fief ou en Cen-*

sive, & ceux qui pretendent que leurs heritages sont libres, en doivent produire les titres. Enfin dans les Coutumes qui n'ont point de disposition particuliere sur le sujet du Franc Aleu, on tenoit autrefois, dit l'Auteur, *que dans ces Coutumes, c'étoit au Seigneur à prouver sa mouvance lorsqu'il n'avoit pas un territoire circonscrit & limité, dont toute l'etendue se trouvoit dans sa mouvance; mais aujourd'hui on tient pour maxime dans tous les Païs coutumiers qu'il n'y a point de Terre sans Seigneur, & que ceux qui prétendent que leurs Terres sont libres, le doivent prouver, à moins que la Coutume n'en dispose au contraire.*

Suivant ces autorités, il est facile de déterminer la qualité ou le caractere de la Coutume de Vitry. Elle n'a point de texte qui porte que tout héritage est réputé franc, si le Seigneur ne montre le contraire: elle ne peut donc être réputée allodiale ni servir de titre aux particuliers pour soutenir la Franchise universelle: elle n'a point de disposition pour établir le Franc-Aleu: elle ne fait que l'énoncer comme la Coutume de Paris, elle n'est donc pas plus allodiale que celle de Paris: aussi les auteurs qui ont parlé de la Coutume de Vitry l'ont-ils regardée comme censuelle. C'est ce qui va être démontré.

DEUXIE'ME CLASSE.

Me Charles Dumoulin sur l'article 68 de la Coutume de Paris, en établissant sa division du Franc-Aleu au nombre 3 observe que la Coutume de Vitry & celle de Troyes font la même division; mais au nombre 13 où il parle des Coutumes allodiales; *ubi omnis res allodialis præsumitur, nisi de contrario doceatur*, il sépare la Coutume de Troyes de celle de Vitry, & il donne pour exemple des allodiales celles de Troyes & de Nivernois, *ut apud Trecenses & Nivernenses*; il est bien sensible par-là qu'il n'a point regardé la Coutume de Vitry comme allodiale, puisqu'aulieu de la citer avec celle de Troyes sur le caractere, comme il avoit fait sur la division, il a pris un autre exemple qui est celui de la Coutume de Nivernois; au surplus, cet Auteur adopte formellement l'avis de Socin pour soutenir que le Seigneur d'une Terre est fondé sur le droit commun pour prétendre la Directe sur tout ce qui est dans son Territoire, N. 6 *Pro brevi resolutione concludo post Socinum*, in L. 1 in princip. Collat. 4 (ubì hoc optimè resolvit) *quod habens Territorium limitatum in certo jure sibi competente in illo Territorio est fundatus in Jure communi in eodem Jure in quâlibet parte sui Teritorii.*

Mᵉ Auguste Galand dans son Traité contre le Franc-Aleu, chap. 7 donne pour regle generale du Royaume que *nulle Terre sans Seigneur*; il le prouve en remontant aux siecles les plus reculés; il dit que cette regle a été adoptée par l'usage général & par les Coutumes; il ajoute qu'aucune des Coutumes qui adoptent le Franc-Aleu, n'a été purement reçûe, qu'elles ont toutes été contredites, & qu'elles sont demeurées dans l'irrésolution; il regarde plusieurs des dispositions de la Coutume de Vitry, comme celles d'une Coutume mal conçûe, mal reglée, obscure, *& qui ne peut être entendue de Franc-Aleu*; il regarde l'induction tirée de la Coutume de Sezanne contenue en deux articles, comme puérile & fondée sur l'erreur des Champenois, il observe que la Coutume de Nivernois est encore en contestation, que la Coutume de Bourbonnois n'est censée admettre le Franc-Aleu qu'avec titre, puisqu'elle ne rejette pas la preuve sur le Seigneur; & il finit en disant que *toutes les Coutumes du Royaume conspirent à la même regle*, & que celles qui ont parlé au contraire, ont été combattues en leur naissance, & anéanties par les Arrêts du Conseil ou du Parlement.

L'auteur des notes sur le dernier Coutumier general, de ces termes de l'article 16 de la Coutume de Vitry, *avec juste titre*, tire la conséquence suivante : *Donc en cette Coutume, la preuve du Franc-Aleu doit être par écrit & non par témoins, nonobstant les articles 19 & 20 qui ne contiennent point une décision generale, mais une simple définition du Franc-Aleu noble & roturier, quand il y a titre.* Il ajoute sur le même art. qu'il a été jugé en 1609. qu'*à Vitry nulle Terre sans Seigneur, & que le Cens emporte lods & ventes.*

Ce que dit le même Auteur sur le Procès-verbal de cette

Coutume, n'eſt pas moins important ; il rapporte l'Arrêt Interlocutoire de 1612. qui avoit ordonné que les habitans de Cermaiſe feroient regler le differend porté par le Procès-verbal, & que cependant par proviſion, ils payeroient le Cens à raiſon des Terres circonvoiſines pour les maiſons & héritages ; il ſoutient que *cette proviſion a paſſé en diffinitive après les trente ans.*

De Saligny & Durand les deux Commentateurs de la Coutume de Vitry conviennent, 1°. Qu'autrefois tout le peuple étoit de condition ſervile & mainmortable dans cette Coutume, 2°. Qu'à la main-morte ont été ſubſtitués des droits particuliers ſur les héritages, tels que les droits de feu, de terrage, Bourgeoiſie & autres qui ſuppoſent néceſſairement le Cens, & 3°. Que le Chef-Cens eſt impreſcriptible dans cette Coutume. Y a t-il quelqu'un qui puiſſe héſiter à en conclure que cette Coutume a tous les caracteres de la cenſualité ?

Brodeau ſur M. Loüet Lettre C. Sommaire 21 cite deux Arrêts rendus pour la Coutume de Vitry ; l'un en 1616 contre les Habitans de Rumigny, l'autre en 1617 au profit de M. le Duc de Guiſe, *en l'eſpece deſquels Arrêts on ne montroit point que les condamnés euſſent jamais payé le Cens ni Lods & Ventes.* C'eſt bien dire que cette Coutume n'eſt pas allodiale.

A ces ſuffrages, il eſt à propos de joindre ceux des Commentateurs des Coutumes circonvoiſines.

Pithou ſur l'art. 51 de la Coutume de Troyes dit en termes précis que *cet Article eſt contraire au droit commun de la France, par lequel on ne peut tenir Terre ſans Seigneur ou titre.* Ce n'eſt donc pas une diſpoſition qui puiſſe avoir effet dans d'autres Coutumes, ſur-tout étant conteſtée dans celle même où elle ſe trouve.

Buridan ſur l'art. 40 de la Coutume de Reims ſoutient, *qu'ès Provinces qui ne ſont pas allodiales par la diſpoſition expreſſe des Coutumes, c'eſt au poſſeſſeur à juſtifier le Franc-Aleu par titre particulier, & que c'eſt une maxime reçue en France que nulle Terre ſans Seigneur.* Il ajoute qu'*il a été ainſi jugé dans la Coutume de Paris qui n'eſt pas allodiale, non plus que la Province de Champagne,* quoique quelques Coutumes admettent le Franc-Aleu, d'autant qu'elles ne l'admettent pas en général pour attribuer cette Franchise sur tous les héritages de la Province, *mais seulement ès Païs esquels les Coutumes en disposent expressément, telles que Troyes & Chaumont.* Il exclud bien clairement celle de Vitry, parce qu'elle n'a point de disposition expresse.

Billecart sur l'art. 165 de la Coutume de Châlons, dit que celui qui prétend que son héritage est en Fief doit le prouver, *& pareillement celui qui pretend que c'est un Franc-Aleu en Coutume, ou nulle Terre sans Seigneur.*

Godet sur la même Coutume est du même avis.

Enfin d'Héricourt sur l'art. 135. de la Coutume de Vermandois après avoir observé que la maxime nulle Terre sans Seigneur est devenue si générale qu'on la regarde comme le droit commun du Royaume, conclud, *que la Coutume de Vermandois n'ayant point de disposition contraire, le Franc-Aleu n'y a point lieu sans titre.*

Ainsi il est évident que tous les auteurs les plus accrédités se réunissent, soit pour prouver que la Coutume de Vitry n'ayant point la disposition expresse de Franchise universelle, elle ne peut être jugée allodiale, soit pour dire précisément qu'elle ne l'est point, soit enfin pour faire sentir qu'étant environnée de Coutumes semblables par leurs dispositions, & qui ne sont point allodiales, elle ne peut pas l'être non plus.

CHAPITRE SEPTIE'ME.

De la Jurisprudence des Arrêts.

IL y a un si grand nombre d'Arrêts, qui après les plus amples instructions, ont déja jugé tant de fois la question, qu'elle ne sçauroit plus faire un problême raisonnable.

Dans toutes les especes dont on va rendre compte, le grand moyen des détemteurs & propriétaires étoit de dire que la Coutume de Vitry étoit allodiale, & qu'ils n'avoient jamais payé de Cens; mais comme les dispositions mêmes de cette Coutume dissipoient toute idée de franchise, à moins qu'elle ne fût justifiée par titres, la Cour a senti que la résistance des tenanciers étoit injuste, elle l'a condamnée.

Le premier Arrêt est du 11 Mai 1595, il a été rendu au profit du Seigneur de Rumigny contre les Habitans du même lieu. Durand qui le rapporte sur l'Article 16. de la Coutume de Vitry, observe que les Habitans furent condamnés à payer le Cens, *quoiqu'on fit voir qu'ils n'avoient jamais payé de Cens ni de lods & ventes*; il en résulte deux choses.

La premiere, que le Cens a été jugé imprescriptible, & la seconde que c'est la Coutume qui a servi de fondement à la condamnation; puisque les Habitans n'ayant jamais payé de Cens jusques-là, il n'y avoit point de titre contr'eux.

Le second Arrêt est du 20 Juin 1609, il a été rendu en la Cinquiéme Chambre des Enquêtes, il est rapporté par Galand, & par l'Auteur des Notes sur la derniere compilation des Coutumes. Dans cette espece, Damoiselle Severine Oudart, veuve de Martin le Quien Ecuyer sieur de Juvigny & de la Veufve, avoit obtenu une Sentence au Châtelet de Paris le 15 Juin 1605, par laquelle elle avoit fait condamner les nommés Pasquier, Henry, Nicolas Brocq, Jean Richart, Nicolas Noslin, & Jean Dioulé à exiber leurs contrats d'acquisitions, payer les lods & ventes, *suivant & conformement à la Coutume des lieux*, & à payer le Cens *à raison des terres voisines*. Ces Particuliers interjettèrent appel, ils firent intervenir les Habitans de la Veufve. M. le Procureur Général intervint aussi; les Habitans soutinrent qu'ils ne devoient ni cens ni lods & ventes suivant la Coutume; mais quoique la veuve du Seigneur n'eût aucun titre, elle obtint Arrêt, par lequel la Cour, sans s'arrêter à l'intervention des Habitans de la Veufve, & ayant égard à celle de M. le Procureur Général, confirma la Sentence : ainsi la Cour jugea bien précisément que la Coutume étoit le titre des Seigneurs pour avoir le cens & les lods & ventes; ensorte que quand le cens se trouvoit incertain pour la quotité, il devoit être payé de même que sur les terres voisines.

Le troisiéme Arrêt du 19 Mai 1612, a été rendu en la Cinquiéme Chambre des Enquêtes au rapport de M. le Prêtre; les mêmes Auteurs qui ont rapporté le précédent, font mention de celui-ci. Dans l'espece de cet Arrêt, on voit que les

Habitans de Cermaize cherchêrent à éloigner leur condamnation, sur le prétexte que le différend porté par le Procès verbal de la Coutume, n'avoit pas été décidé ; mais la Cour connoissant leur ruse, en prévint l'effet, & en ordonnant que le Prieur de Cermaize & les Habitans feroient vuider le différend *dans un an*, elle condamna les Habitans par provision à payer à l'avenir le cens *à raison des terres circonvoisines*, pour les maisons & héritages. Cet Arrêt prouve sensiblement qu'il n'y avoit point de titre de la part du Seigneur.

Les Habitans de Cermaize n'ont pas été curieux de faire vuider le différend ; ils ont continué à payer le cens pendant deux cens trente-cinq ans. Peut-on se tromper, en disant que la provision est devenue diffinitive ?

Le quatriéme Arrêt du 23 Août 1612, a été rendu contre le nommé Lambert, & les Prévot, Echevins, Syndics, Bourgeois & Habitans de Rumigny, au profit de M. le Duc de Guise, sur l'appel d'une Sentence des Requestes du Palais, par laquelle le nommé Lambert avoit été condamné à montrer & exhiber les Lettres & Titres d'acquisitions par lui faites de deux maisons au Bourg de Rumigny, & lui en payer les lods & ventes & l'amende ; il n'y avoit d'autres Titres que la Coutume, on verra dans un moment cette vérité dans tout son jour ; l'Arrest a néanmoins confirmé la Sentence.

Le cinquiéme Arrest est du 18 Février 1617 contre les mêmes Habitans, il est rapporté par Brodeau sur M. Loüet, lettre C. n. 21. ces deux Auteurs remarquent que le moyen des Habitans étoit qu'ils n'avoient jamais payé ni cens ni lods & ventes, ces Arrests ont été suivis d'un acte dont il est nécessaire de rendre compte.

La Marquise d'Ambres avoit obtenu une Sentence des Juges de Rumigny, contre les Religieuses Carmelites de Charleville, par laquelle les Religieuses avoient été condamnées à fournir déclarations par tenans & aboutissans, des héritages par elles nouvellement acquis de Roland Midoux, & Jeanne le Févre sa femme, situés au Territoire d'Anvillers, * les Religieuses Carmelites interjettêrent appel de cette Sentence en la Cour, sur le prétexte que les héritages acquis étoient dans une Coutume de Franc-Aleu.

* Arriere-Fief de la Baronnie de Rumigny.

La Marquise d'Ambres demanda un acte de notoriété aux Officiers, Avocats & Praticiens du Siége; ils s'assemblèrent & donnèrent l'acte de notoriété le 22 Décembre 1732, dans dans les termes suivans.

» Oüi, Me Coyet, Avocat & Procureur Fiscal en ce Siége; » & après en avoir conféré avec les Avocats, Procureurs & » Praticiens du Siége, & de leurs avis unanimes, Nous dé- » clarons qu'en la Baronnie de Rumigny, dont tous les » Bourgs, Villages & lieux en dépendans, soit du Domaine » de Son Altesse Sérénissime Monseigneur le Duc, soit en Fief » ou arriere-Fief, tous régis par la Coutume de Vitry, il n'y a » aucuns héritages qui soient tenus par les Propriétaires & » personnes en Franc-Aleu, mais qu'ils sont tous en la directe » des Seigneurs & Sujets aux Droits Seigneuriaux, soit en Fief » ou en roture, lesquels héritages en roture sont chargés de » cens en argent, chapons & autres espéces portant ordinai- » rement lods & ventes, soit du droit de terrage ou cham- » part sans lods & ventes, qu'il est vrai que le Franc-Aleu est » connu, & qu'il y en a en beaucoup de lieux en la Coutume » de Vitry; ce qui est marqué en l'Article 19. portant qu'au- » dit Bailliage de Vitry il y a Franc-Aleu noble, & Franc- » Aleu roturier, desquels termes on ne peut induire que ladite » Coutume soit allodiale par elle-même, mais seulement que » le Franc-Aleu y est reçû, & non en la Baronnie de Rumi- » gny, au-dedans des limites de laquelle il n'y a aucuns héri- » tages en Franc-Aleu, soit noble ou roturier, à quoi se rap- » portent les Articles 16. & 135. de la même Coutume qui » ont été rédigés dans le même esprit, pour faire connoître » que les terres ne peuvent être réputées franches, soit de cens » & autres redevances suivant l'article 16. ou de servitude, » suivant l'art. 135. qu'avec juste titre, bonne foi & joüissance » de dix ans entre présens, & vingt ans entre absens, desorte » qu'en la Coutume de Vitry la maxime, *nulle terre sans Sei-* » *gneur*, a lieu, ainsi qu'en Vermandois, & dans la plûpart » des autres Coutumes, & que les terres ne sont réputées » franches, comme il a été soutenu par les Nobles & gens » d'Eglise au Procès verbal de la réformation de ladite Cou-

» tume

» tume sur l'Article 16. s'il n'en est justifié par titres valables,
» ce que nous attestons par acte de notoriété, ainsi signés,
» GREGOIRE, DE L'ETANGNEUF, COYET, CONSTANT, COYET,
» FLEURY, POTTARD, DE LA RUE.

Cet acte rapproché de celui qui fût donné à Vitry en 1651 & du Procès-verbal de tous les Officiers des Bailliages & sièges du ressort de Château-Thierry (qui est à la fin de cette Dissertation) ne permet pas de douter que ceux du tiers-Etat qui soutiennent l'Allodialité, parlent & agissent contre l'usage des Siéges régis par la Coutume de Vitry.

Le sixiéme Arrêt a tranché la question, c'est celui du sept Mars 1616, rendu en la cinquiéme Chambre des Enquêtes au profit de M. Amelot contre les mayeur, Echevins & Habitans du Bourg d'Ay; on voit que dans cette espece les Habitans ne proposérent d'autre moyen que la prétendue franchise de la Coutume de Vitry, sans vouloir se servir des actes qui pouvoient justifier leur exemption; M. Amelot se renferma dans la regle, *nulle terre sans Seigneur*, & l'Arrêt lui adjugea le Cens universel avec les lods & ventes, sans préjudice de l'exemption prétendue par les détempteurs, *de laquelle ils seroient tenus de justifier par titres & concessions à eux faites de tenir leurs héritages en Franc-Aleu, deffenses au contraire*; donc la Coutume n'est point allodiale; donc il est jugé que ce sont les Proprietaires qui doivent rapporter le titre d'affranchissement.

Le septiéme Arrêt du 28 Août 1632 a été rendu en la grand-Chambre sur les conclusions de M. le Procureur Général en faveur du Sr Antoine du Roollet, Ecuyer Seigneur de Juvigny, de la Veufve, & de Noirefosse, contre les habitans de Juvigny & de la Veufve; on remarque dans le vû de cet Arrêt que les habitans avoient articulé leurs franchises & libertés & qu'ils en avoient joui de tout tems; cependant ils furent condamnés à montrer & exhiber tous & chacuns les contrats d'acquisitions faites tant par eux que par leurs Auteurs, au-dedans des territoires desdites Terres, Fiefs & Seigneuries de Juvigny & la Veufve; payer les lods & ventes, saisines & amendes des acquisitions qui seroient par eux faites à l'avenir *suivant & conformément à la Coutume des lieux*, & outre payer le Cens *à raison des Terres circonvoisines*, en passer titre nouvel & reconnoissance, desquels arrérages de Cens ensemble des lods & ventes, saisines & amendes échûs jusqu'au jour de l'Arrêt, ils furent déchargés, *le tout sans préjudice de l'exemption par eux prétendue, laquelle ils seroient tenus justifier par titre de concession à eux faite par nos Rois ou leurs prédecesseurs de jouir desdits heritages en Franc-Aleu.*

On ne croit pas qu'il soit possible de juger plus clairement la question qu'elle l'a été par cet Arrêt, il en résulte 1°. Que le Seigneur n'a pas besoin de titre dans la Coutume de Vitry puisque les habitans ont été condamnés à payer le Cens *suivant la Coutume & à raison des Terres circonvoisines*, & 2°. Que la Cour a jugé qu'il n'y avoit aucun Franc-Aleu admissible, à moins qu'il ne fût justifié par titres.

Le huitiéme Arrêt du 5 Août 1683 a été rendu au profit de Messire Jacques de la Garde Conseiller en la Cour, poursuivant le décret de la Baronie de Chapelaines & dépendances contre les habitans de Haussimont, Vassimont, Montpreux, Semoine & Lenharré; par cet Arrêt les Habitans de Haussimont & Vassimont ont été déboutés de leurs oppositions afin de charge & de distraire pour raison des droits de dixmes, terrages & lods & ventes sur plusieurs heritages, droits d'usage, de pâturage & de pêche par eux prétendus, & ils ont été condamnés, ainsi que les Habitans de Montpreux, Semoine & Lenharré à payer les droits de lods & ventes à raison de 20 deniers pour livre, *suivant l'article* 117 *de la Coutume de Vitry*, & les dixmes & terrages suivant qu'ils se payoient avant les adjudications de la terre faites en 1663 & 1674, à l'effet dequoi les Parties feroient enquêtes respectives.

La premiere disposition de cet Arrêt est importante, puisqu'elle prouve que les Habitans de Vassimont & Haussimont ne prétendoient pas seulement la franchise, mais encore avoir part aux Droits Seigneuriaux.

La seconde justifie que la Coutume a servi de regle.

Et la troisiéme démontre que M. Delagarde n'avoit point de titres, puisque pour fixer la quotité du terrage qui étoit le Cens Seigneurial dans ces terres (comme il a été jugé par un autre Arrêt) il a fallu des enquêtes.

Le neuviéme Arrêt est du 4 Août 1684 ; il a été rendu entre le sieur Moët de Rey & les Administrateurs de l'Hôpital de Châlons, ausquels les Habitans s'étoient joints. Le Seigneur avoit formé sa demande afin de prestation de Cens universel sur le terroir de Rey situé dans le ressort de la Coutume de Vitry ; & par Sentence du Juge de Châlons en date du 2 Juillet 1672, il avoit été débouté de sa demande. Appel en la Cour ; la Sentence fut infirmée, & les Habitans furent condamnés à payer le Cens à raison de 12 deniers par journal de terre, & aux lods & ventes des acquisitions par eux faites depuis 29 années, & aux dépens.

On ne sçauroit disconvenir que les Parties qui prétendoient l'affranchissement, ne fussent bien favorables, sur-tout contre un Seigneur qui ne rapportoit aucun titre pour établir sa prétention ; mais il étoit fondé sur le droit commun & sur la Coutume, il n'en fallut pas davantage pour le faire réussir.

Le dixiéme Arrêt est du premier Juillet 1690, rendu au rapport de M. de Beauregard Conseiller, en la Cinquiéme Chambre des Enquêtes, entre le Fermier des Domaines d'Epernay, la Dame Abbesse d'Avenay & les Habitans dudit lieu. Lors de cet Arrêt, toute la question ne roula que sur l'allodialité prétendue de la Coutume de Vitry ; mais la Communauté des Habitans qui étoit intervenue pour soutenir le Franc-Aleu, fut déboutée, & il fut dit que les particuliers qui prétendoient posseder leurs héritages en Franc-Aleu, seroient tenus de rapporter les titres de leur franchise.

L'onziéme Arrêt du 14 Janvier 1705 a été rendu au Grand Conseil sur les conclusions de M. Benoist de Saint-Port, Avocat Général ; il est rapporté par l'Auteur du Dictionnaire des Arrêts, qui observe que tant par cet Arrêt, que par un autre antérieur du même Tribunal, la Coutume de Vitry a été jugée non allodiale.

Il est constant que c'est actuellement la Jurisprudence invariable de ce Tribunal.

Le douziéme Arrêt est du 13 Août 1712 ; il a été rendu en la Cinquiéme Chambre des Enquêtes entre les Minimes de Vitry, Seigneurs de Marolles, Villette & Frignicourt, contre les Habitans de ces trois Villages : cet Arrêt est remarquable.

Les Minimes avoient été déboutés par Sentence d'une demande en payement de Censives & de lods & ventes. Le motif de la Sentence du Bailliage de Vitry étoit que les héritages se trouvoient allodiaux, sur la supposition que dans la Coutume de Vitry tout héritage étoit réputé franc, à moins qu'on ne le prouvât chargé de Censives, & que les Minimes n'avoient aucun titre particulier qui leur donnât la Censive sur les héritages dont il s'agissoit.

Sur l'appel de la Sentence, les Minimes avoient conclu par une Requeste précise à ce que, où l'on jugeroit la Coutume allodiale, il leur fût donné acte de ce qu'ils articuloient qu'ils étoient en possession de percevoir le Cens & les lods & ventes sur les héritages des trois Seigneuries de Marolles, Vilette & Erignicourt, ils demandoient qu'il leur fût permis d'en faire la preuve par témoins. Les Habitans se prévaloient du défaut de titre des Minimes, & faisoient des offres telles qu'on les fait dans les Coutumes de Franc-Aleu; ainsi toute la question fut réduite à l'allodialité ou non allodialité de la Coutume. Par l'Arrest la Cour jugea que la preuve offerte par les Minimes, seroit surabondante, elle condamna les Habitans à passer déclaration au Terrier des Minimes, à la charge des Censives, à raison de six deniers par fauchée de Pré, ledit Cens portant lods & ventes & amendes.

Le treiziéme Arrest du 14 Juillet 1722 a été rendu en la Troisiéme Chambre des Enquestes au profit de Madame de Chalais & de Mademoiselle de Joyeuse, contre plusieurs particuliers possesseurs des héritages sur les territoires de Saint Georges. Il étoit intervenu trois Sentences aux Requestes du Palais les 30 Septemb. 1718, 2 & 17 Août 1719, par lesquelles le terrage dû par les Habitans avoit été déclaré Cens Seigneurial, les Particuliers en interjettérent appel. Mademoiselle de Joyeuse donna une Requeste par laquelle elle demanda les lods & ventes suivant la Coutume; & par l'Arrest, les Sentences furent confirmées, & les lods & ventes adjugés.

Le quatorziéme Arrest est du 25 Août 1723; il a été rendu en la Cinquiéme Chambre des Enquestes en faveur du Seigneur de Ponthion, qui prétendoit une redevance de 20 liv. sur la Terre de Hochet. Il soutenoit que c'étoit un Cens fondé sur quatre aveux qui la désignoient comme telle ; mais aucun n'indiquoit que le Cens emportât la prérogative des lods & ventes. Le Propriétaire de la Terre de Hochet rapportoit deux Contrats d'acquisition où la redevance étoit énoncée comme rente fonciere, affranchie de lods & ventes ; en conséquence il prétendoit que la Coutume de Vitry étant allodiale, il falloit un titre exprès pour exiger les lods & ventes ; il ajoutoit que quand on supposeroit la Coutume de Vitry non allodiale, & que la rente fut un Cens, il y avoit une regle que le Cens n'emportoit point les lods & ventes, s'il n'y avoit un titre. Les raisons du Propriétaire s'accréditérent au Bailliage de Vitry, & par Sentence le Seigneur de Ponthion fut débouté de sa demande. Appel en la Cour, la Sentence fut infirmée, & le Propriétaire de la Terre de Hochet condamné à payer les lods & ventes.

Le quinziéme Arrest du 9 Mai 1725 a été rendu en faveur des Sieurs & Dame de Chartogne, Seigneur d'Apremont, sur l'appel d'une Sentence du Bailliage de Vitry, qui les avoit déboutés de leur demande, contre plusieurs Laboureurs. La Cour en infirmant, condamna ces particuliers à payer 29 années d'arrérages de Cens, & à passer titre nouvel & reconnoissance de ce Cens, emportant droit de lods & ventes, & elle jugea que lorsqu'il n'y avoit pas de Cens en argent, le terrage étoit le véritable Cens.

Le seiziéme Arrêt est du 8 Avril 1727, il a été rendu en faveur des Marquis & Comte de Joyeuse contre les Habitans de Cernay & de Rouvroy ; on voit dans les Piéces & Demandes visées par cet Arrêt, que le quatriéme chef des Conclusions des Seigneurs, étoit à ce que les Habitans fussent condamnés à payer le Cens Seigneurial universel sur le Territoire de deux deniers par chacun arpent, tant labourables que prez, & de deux deniers par chacune maison, jardin ou cheneviere, les Habitans de Cernay & de Rouvroy offrirent de payer le Terrage seulement, quelques-uns prétendirent être exempts de tous droits, sur le prétexte qu'ils ne s'étoient pas assujettis par leurs déclarations au payement des droits pour certains héritages ; quelques autres demandérent que les Seigneurs fussent tenus de justifier de leurs Titres, auquel cas ils offrirent de payer ce dont ils se trouveroient tenus; tout cela formoit les mêmes prétextes qui font aujourd'hui la ressource des Gens du tiers-Etat; mais par l'Arrest, les Habitans & tous les Propriétaires d'héritages dans les Territoires de Cernay & de Rouvroy furent condamnés chacun à leur égard à payer le Cens Seigneurial universel de deux deniers par chacune maison, jardin, cheneviere & fauchée de pré, & d'un denier par chacun arpent d'héritages, *sauf aux Seigneurs à se faire payer d'un plus gros Cens sur les heritages qui en pouvoient être chargés*, suivant les Titres & reconnoissances particuliéres, ledit Cens emportant lods & ventes, saisine & amende, *conformément à la Coutume de Vitry*. Ce sont les termes de l'Arrest.

On ne dira pas que cet Arrêt a été rendu sur le fondement des Titres des Comte & Marquis de Joyeuse, puisqu'il leur a réservé expressément de justifier de Titres au cas qu'ils prétendissent un plus gros Cens que celui adjugé; d'ailleurs il a imposé le Cens sur deux contrées, dont les Possesseurs soutenoient n'en avoir jamais payé; & enfin il porte que le principe des condamnations *est la Coutume de Vitry*, elle a donc formellement été jugée censuelle & non allodiale.

Le dix-septiéme Arrêt du 13 May 1730, a été rendu en faveur du Comte de Joyeuse contre les Habitans de Stonne; ces Habitans avoient été condamnés par une Sentence du Bailli de Stonne à payer au Fermier de la Seigneurie le droit de terrage universel, exhiber leurs Contrats d'acquisitions, payer les arrérages & les amendes; cette Sentence avoit été confirmée par forclusion au Bailliage de Vitry, les Habitans interjettérent apel en la Cour, & demandérent que la Sentence fût infirmée en ce qu'ils avoient été condamnés à payer le droit de Terrage universel sur toutes les terres labourables du finage de Stonne, sur le prétexte qu'il ne devoit avoir lieu que sur les héritages qui en étoient anciennement chargés, ils conclurent aussi à être déchargés du droit pour les maisons, jardins & chenevieres, ainsi que des arrérages & amendes; le Comte de Joyeuse intervint, prit le fait & cause de son Fermier, & soutint que le Terrage étoit le Cens Seigneurial pour les Terres, & qu'il lui étoit dû un Cens en argent pour les maiſons, chenevieres & prez de 12 deniers, & que ce Cens emportoit lods & ventes; par l'Arrêt la Sentence fut confirmée, & en conſéquence les Habitans de Stonne furent condamnés à payer à la Baronnie tous les arrérages des droits demandés par le Comte de Joyeuſe, enſemble le Cens Seigneurial en grains appellé *Terrage*, & en argent pour les maiſons, chenevieres & prez portant lods & ventes de vingt deniers pour livre & l'amende de 3 liv. 15 ſols pour chaque vente recélée au-delà des vingt jours de la Coutume.

Le dix-huitiéme Arrêt du 29 Janvier 1732, a été rendu au profit des Dames de Rouſſeville & de Joyeuſe, contre les Habitans de Champigneul & Saint Juvin; ces Habitans ſoutenoient l'allodialité de la Coutume, & prétendoient qu'il falloit des Titres précis pour les forcer à payer le Cens Seigneurial; mais la Cour les débouta de leurs demandes afin de juſtification de Titres & de leurs prétentions, & elle ordonna que toutes les terres & héritages de la propriété deſquels ces Habitans ne juſtifieroient point, ou d'une poſſeſſion de 30 ans, demeureroient réunis au Domaine des Seigneurs, & pour les héritages qui ſe trouveroient leur appartenir, elle les condamna à payer le Cens Seigneurial & univerſel ſur les Territoires, ſçavoir en grains pour les terres en labour, & en argent pour tous les autres héritages.

Le dix-neuviéme Arrêt du 25 Février 1733, a été rendu en la premiere Chambre des Enquêtes, au profit du ſieur Oudan, Seigneur de Gueux, contre les Habitans du même lieu, ces Habitans prétendoient qu'il n'y avoit que quelques Particuliers dont les héritages fuſſent tenus en cenſive & aſſujettis aux lods & ventes & autres droits prétendus par le Seigneur; mais la Cour n'écouta point les diſtinctions qu'ils vouloient introduire, elle condamna les Habitans & Communauté de Gueux à payer le Cens à raiſon d'un denier par chaque hommée d'héritages ſitués en la Seigneurie, ledit Cens emportant lods & ventes, à l'effet du payement deſquels lods & ventes chacun des Habitans ſeroit tenu de repréſenter au Seigneur tous les Contrats d'acquiſitions faites dans les trente années avant la demande.

Le vingtiéme Arrêt du 27 Juin 1733, a été rendu au profit du Comte de Joyeuse contre les Habitans de Grand-Pré, qui ont été condamnés à payer le Cens Seigneurial & universel, emportant droit de lods & ventes.

Le vingt-uniéme Arrêt du 5 Juin 1734, a été rendu contre les Habitans de Virginy, Berzieux & Minaucourt, au profit du Marquis de Joyeuse; on voit parmi les Piéces visées dans cet Arrêt une Requête du 25 Avril 1729, par laquelle ces Habitans demandoient acte à la Cour de leurs offres de payer au Marquis de Joyeuse ce qu'il justifieroit avoir droit de percevoir légitimement sur lesdits Habitans & Communauté, & une autre Requête du 11 Mai 1733, par laquelle ils articuloient qu'il n'y avoit qu'un cens particulier sur une petite quantité d'héritages dû par convention; mais il fût jugé qu'ils étoient dans une Coutume censuelle, & par l'Arrêt ils furent condamnés à payer le cens Seigneurial & universel sur lesdits Territoires de Virginy, Berzieux & Minaucour, sçavoir pour les terres labourables du Territoire de Virginy sur le pied de quatorze gerbes l'une, pour les maisons, jardins & chenevieres deux deniers, pour chaque fauchée de pré huit deniers, & pour chacun arpent d'autres héritages un denier, *sauf audit de Joyeuse à se faire payer d'un plus gros Cens sur ceux desdits héritages qui pouvoient en être chargés par titres ou reconnoissances particulieres, ou possession de trente ans avant la demande*, ledit Cens emportant lods & ventes, saisine & amende.

Le vingt-deuxiéme Arrêt du 18 Juillet 1738, a été rendu en faveur de M. Paris, Conseiller en la Cour, qui s'étoit pourvû contre les Habitans de Tagnon, & avoit demandé le Cens universel avec les lods & ventes; sur sa demande il étoit intervenu une Sentence interlocutoire aux Requêtes du Palais, qui avoit ordonné que les Parties seroient tenues de faire juger le différend porté par le Procès-verbal de la Coutume; M. Paris interjetta appel de cette Sentence, & par l'Arrêt elle fût infirmée & les Détemteurs furent condamnés à payer le Cens Seigneurial emportant lods & ventes; cet Arrêt est très-remarquable, puisqu'il a jugé que la censualité de la Coutume ne Vitry ne pouvoit plus faire de question.

Le vingt-troisiéme Arrêt du 10 Juin 1741, a été rendu en la Grand'Chambre

Grand'Chambre, au rapport de M. l'Abbé Macé, au profit du Seigneur de Bayonville, par lequel Robert Davannes, Pierre Poussin & Thomas Guillaume, Laboureur demeurans à Bayonville, ont été condamnés à payer le terrage *comme Cens Seigneurial*, en conséquence à fournir des déclarations exactes & spécifiques de la consistance, nature, contrée, tenans & aboutissans des héritages qu'ils possédent dans la Seigneurie de Bayonville, & de lui justifier par Titres valables ou possession de trente ans avant la premiere demande de leur propriété, sinon a ordonné que les héritages dont la propriété n'avoit pas été justifiée, seroient & demeureroient purement & simplement réunis au Domaine de ladite Seigneurie, a condamné les mêmes Particuliers en cas de justification de Titres ou possession suffisante, à payer le Cens Seigneurial portant lods & ventes, à raison de vingt deniers pour livre, saisine & douze deniers *parisis*, retrait censuel, amende de cinq sols faute de payement du Cens & de 3 liv. 15 sols pour chaque vente recélée au-delà des vingt jours, &c.

Le même Arrêt a ordonné un interlocutoire pour une portion de terres prétendue franche-dixme; mais c'est une exception qui ne fait que confirmer la premiere disposition par laquelle il a été formellement jugé que la Coutume n'étoit point allodiale.

Le vingt-quatriéme Arrest du 19 Juin 1741 mérite une attention singuliére; il a été rendu en la Grand'Chambre au profit du sieur Cabaret de Villeneuve contre les Habitans du Mesnil, M. l'Evêque de Châlons, le Chapitre de la même Ville, & quantité d'autres possesseurs d'héritages dans le Territoire du Mesnil; tous avoient le même interest contre le Seigneur de Villeneuve; ils firent d'abord un incident pour que l'affaire fût portée en la Grand'Chambre, & ils obtinrent un Arrest, qui ordonna que les Parties y procéderoient; ensuite ils donnérent une Requeste le 31 Mai 1741, qui est visée, par laquelle *ils demandérent acte de ce qu'ils denioient formellement que leurs heritages fussent sujets au Cens, & qu'il eût jamais été perçû, ni même demandé sur les heritages, en consequence qu'il fût ordonné que le sieur Cabaret de Villeneuve seroit tenu de le prouver, conformément*, dirent-ils à l'*article* 40 *de la Coutume de*

Vitry [qui regle seulement le cas du désaveu] *& que faute de ce faire en le déboutant de toutes ses demandes, ils fussent maintenus & gardés dans leur possession immémoriale de franchise, suivant les Contrats d'acquisitions & autres actes qu'ils avoient produits* ; ils firent plus, ils donnérent une seconde Requeste le 14 Juin suivant, à la veille du Jugement, par laquelle *ils demandérent expressément la permission de faire preuve, tant par Titres que par témoins de la franchise de leurs heritages.*

Mais tout cela fut inutile, comme étant contraire aux principes de la Censualité de la Coutume de Vitry. La Cour, sans avoir égard aux Requêtes & Demandes de M. l'Evêque de Châlons, du Chapitre & autres possesseurs, les condamna, ainsi que les habitans du Mesnil, à justifier de la proprieté des heritages qu'ils possedoient par titres valables ou possession suffisante, sinon ordonna que les héritages demeureroient réunis au domaine de la Seigneurie du Mesnil avec restitution de fruits, les condamna à payer le Cens Seigneurial emportant lods & ventes, saisine de 15 deniers, retrait censuel, amende de 5 sols faute de payement du Cens, & de 3 livres 15 sols pour chacune vente recélée, les arrerages des Cens & les lods & ventes des acquisitions faites pendant les vingt-neuf années avant la Demande.

Il seroit impossible de prouver plus clairement que la Coutume de Vitry a été jugée Censuelle.

Le vingt-cinquiéme Arrêt du 27 Avril 1742. a été rendu en la Grand'Chambre contre les habitans de Saint-Jean-sur-Tourbe, de Laval, de Warguemoulin, de Somme-Tourbe & de Tahur au profit des Marquis & Comte de Joyeuse. Ces habitans imitérent ceux du Mesnil ; ils posérent d'abord pour principe que la Coutume de Vitry étoit allodiale ; ensuite ceux de Saint-Jean-sur-Tourbe soutinrent qu'ils n'avoient jamais dû le Cens universel & seigneurial sur leurs Terres, ni les lods & ventes ; *ils demandérent Acte par une Requête du 28 Aoust 1741. de l'aveu fait par les Marquis & Comte de Joyeuse de ce qu'il n'avoit jamais été perçû aucun Cens seigneurial & universel sur le Territoire de Saint-Jean, & de ce qu'ils articuloient & mettoient en fait que de tems immémorial l'universalité des Terres, dans toute l'etendue du Territoire de Saint-Jean-sur-Tourbe, avoit toujours été tenue & reclamée franche de tous cens, redevances & servitudes quelconques, suivant qu'il étoit déja justifié par une foule de contrats d'acquisitions par lesquels les Vendeurs avoient garanti les Terres franches desdits Droits, de ce qu'ils mettoient pareillement en fait que jamais les Marquis & Comte de Joyeuse, ni leurs Auteurs n'avoient perçû sur aucunes maisons, jardins, chenevieres & terres labourables des Cens emportans lods & ventes, ni de lods & ventes. Enfin de ce qu'ils mettoient en fait qu'aux territoires de Suippe, Somme-Suippe, la Croix en Champagne, Somme-Bionne, Han, Danmartin-Sousban & Courtemont, tous Villages voisins & contigus de celui de Saint Jean, les Terres avoient toujours été tenues franches de tout Cens.* Cette défense fut bientôt adoptée par les habitans des autres Villages, & ils n'oubliérent rien pour faire valoir la prétendue allodialité de la Coutume de Vitry; mais plus leur résistance avoit été marquée, plus leur condamnation fut autentique, & par l'Arrêt ils furent tous condamnés à justifier de la propriété des héritages par eux possedés, par titres valables ou possession de trente années avant la demande, & ce dans quinzaine, sinon que les héritages demeureroient réunis au Domaine des Seigneuries, comme aussi à payer le Cens Seigneurial sur l'universalité des quatre territoires, à raison d'un denier par chaque arpent, ledit Cens emportant lods & ventes, à raison de deux deniers pour livres, retrait censuel, vêture ou reprise de Justice, à raison de trois pots de vin & amende de trois livres faute de la reprise ou vêture dans huitaine des acquisitions, de trois livres quinze sols d'amende par chacune vente récelée au de-là des vingt jours, & cinq sols d'amende, faute de payement du Cens par chacun arpent, & à chaque échéance, *conformément à la Coutume.*

Il n'est pas besoin de dire que c'est le caractére de la Coutume de Vitry qui a décidé dans cette espece pour le Cens Seigneurial & universel, puisque les Seigneurs étoient convenus qu'il n'en avoit jamais été perçû, comme les Habitans l'avoient articulé.

Le vingt-sixiéme & dernier Arrêt du 4 Aoust 1742, a été rendu au profit de M. Megret de Serilly Maître des Requêtes, ci-devant Intendant du Commerce, & à présent Intendant de Justice, Police & Finances de Franche-Comté, contre les

Habitans de Sommesous, Lenharré, Vassimont, Haussimont & Montpreux.

Il étoit intervenu une Sentence aux Requêtes du Palais le 9 Mars 1741, par laquelle les Habitans de Sommesous & Lenharré avoient été condamnés à payer le Cens Seigneurial emportant lods & ventes; & avant faire droit sur les demandes de M. de Serilly, afin de payement du droit de cens & autres droits contre les Habitans de Vassimont, Haussimont & Montpreux, il avoit été ordonné que les Parties feroient diligence de faire juger l'appel d'une précédente Sentence du 15 Mars 1718; la Sentence n'avoit adjugé à M. de Serilly contre ces Habitans, que les droits de terrage & de dixme comme droits ordinaires.

M. de Serilly interjetta appel de la Sentence en la Cour contre les Habitans & Particuliers de Vassimont, Haussimont & Montpreux seulement, & sur son appel est intervenu l'Arrêt au rapport de M. Hurson Conseiller sur les conclusions de M. le Procureur Général, par lequel la Sentence a été infirmée, en ce que le terrage adjugé à M. de Serilly contre les Habitans de Vassimont, Haussimont & Montpreux n'avoit pas été déclaré seigneurial, & en ce qu'avant faire droit sur les Chefs de demande de M. de Serilly, afin de payement du droit de censive & autres droits contre les Habitans de ces trois Paroisses, il avoit été ordonné que les Parties feroient diligence de faire juger l'appel de la Sentence des Requêtes du Palais du 15 Mars 1718, émandant quant à ce, la Cour a déclaré le terrage adjugé, seigneurial, emportant lods & ventes de 20 deniers pour livre, *suivant l'Article 117. de la Coutume de Vitry*, saisine, retrait, censuel & amende, & a condamné les Censitaires à payer un autre cens seigneurial de 2 deniers sur toutes les maisons, jardins, prez & terres en novales, emportant aussi lods & ventes.

On ne sçauroit méconnoître que la question a été encore formellement jugée par ce dernier Arrêt, puisque M. de Serilly n'avoit point de titre pour la censive; & qu'outre le terrage déclaré seigneurial, la Cour a imposé le cens coutumier sur les maisons & autres héritages non chargés du terrage.

Voilà donc vingt-six Arrêts rendus en pleine connoissance de cause, & après les instructions les plus exactes, qui tous ont jugé que la Coutume de Vitry, ſuivant ſes propres textes, n'étoit point allodiale : Comment parviendroit-on à effacer le caractere de cenſualité que ces Arrêts ont reconnu dans cette Coutume, & qu'ils lui ont confirmé tant de fois ? c'eſt ce qu'il n'eſt pas poſſible d'imaginer.

Le Tiers-Etat ſe flatte d'avoir auſſi des Arrêts en ſa faveur ; mais on fera voir dans la ſuite par les circonſtances dans leſquelles ils ont été rendus, qu'ils n'ont point jugé l'allodialité de la Coutume ; ceux que les Seigneurs rapportent ont jugé la cenſualité en termes formels, la queſtion étoit pure & ſimple, elle étoit dégagée de toutes circonſtances particuliéres : ainſi la Juriſprudence des Arrêts eſt conſtamment pour les Seigneurs.

Leurs moyens ſont ſi forts, ſi ſolides & ſi preſſans, qu'il n'eſt pas poſſible d'y ajouter ; mais afin de leur donner plus d'éclat, & de diſſiper juſques au moindre doute dans une affaire d'auſſi grande conſéquence, on va réfuter les objections du Tiers-Etat ; c'eſt le ſujet de la ſeconde Partie.

SECONDE PARTIE.

Le Tiers-Etat n'a aucun moyen pour ſoutenir l'allodialité de la Coûtume de Vitry.

LEs Mémoires qui ont paru juſques à préſent de la part du Tiers-Etat, réduiſent ſes moyens à ſix objections principales.

La premiere conſiſte à dire que dans l'origine la condition de tous les héritages étoit libre, & que la pleine propriété des Domaines n'a point été altérée par l'impreſſion de la Puiſſance publique, lorſque du conſentement des peuples, ou par le droit des Conquêtes, ſe ſont formées les Républiques & les Monarchies ; le Tiers-Etat ajoute que les Gaules joüiſſoient ſous les Romains d'une entiere liberté, & que les habitans ont continué de joüir de la même liberté ſous les nouveaux Souverains ; que ſelon les Loix Romaines tous les héritages étoient libres ; que c'eſt par l'uſurpation des Ducs & grands Vaſſaux de la Couronne ſur la fin de la ſeconde Race de nos Rois, que les Offices & Dignités qu'ils ne poſſédoient qu'à titre de Bénéfice ou de ſimple adminiſtration furent rendus patrimoniaux & héréditaires, mais que cette uſurpation ne ſçauroit faire un titre pour ſoutenir l'établiſſement des cenſives & des ſervitudes.

La ſeconde objection eſt que ſuivant la tradition de la Province de Champagne & du Bailliage de Vitry, même ſuivant les anciennes Coutumes de Champagne, le Droit commun étoit le Franc-Aleu naturel.

La troiſiéme eſt tirée des Procès verbaux des Coutumes de Chaumont, Troyes, Sezanne & Vitry.

La quatriéme, de quelques diſpoſitions de la Coutume de Vitry, interprétées contre leur véritable ſens.

La cinquiéme, du ſuffrage mal entendu de quelques Auteurs.

Et la sixiéme, des différens Arrêts par lesquels on prétend que l'allodialité de la Coutume a été jugée.

L'OBJET de cette SECONDE PARTIE est de démontrer que de toutes ces objections il n'y en a pas une seule qui puisse faire l'impression la plus légere sur les esprits, que le Tiers-Etat n'employe que du spécieux, souvent des erreurs de droit & de fait, mais rien de solide, & qui soit capable de diminuer la force des preuves que les Seigneurs ont en leur faveur ; il sera facile d'en juger par les réponses & les réflexions suivantes.

I.

Il n'est pas douteux que si l'on remonte jusques à la création du monde, l'on trouvera que tous les héritages étoient libres, & que tous les hommes étoient égaux ; mais cette égalité des personnes, & cette liberté primitive n'ont pas pû subsister depuis qu'il y a eu des dominations, & des Princes à la tête des peuples, encore moins depuis les Conquêtes que les uns ont fait sur les autres ; le droit des Conquérans a toujours été d'asservir les vaincus, & de s'emparer de leurs dépoüilles & de leurs biens ; les uns l'ont fait sans bornes, les autres l'ont fait avec quelques modérations : c'est donc une premiere erreur de dire que la condition libre des héritages n'a pas été altérée par l'impression de la puissance publique.

Les Gaules étoient un Païs conquis par les Romains : ils les avoient divisées, & ils n'avoient affranchi du Cens que les Provinces qu'ils avoient mises au rang des Terres d'Italie, qu'ils appelloient *sólum italicum*, ou *juris italici.*

Le Titre ff. *de Censibus* fournit la preuve de cette vérité.

On voit d'abord dans la Loi 4. de quelle maniere le Cens étoit perçu : on désignoit chaque fonds de terre par sa situation dans une telle Ville ou un tel Village, & par le nom de ses deux voisins ; *formâ Censuali cavetur ut agri sic in Censum referantur, nomen fundi cujusque, & in quâ Civitate, & in quo Pago sint, & quos duos proximos vicinos habeat.* Et pour exiger le Cens avec une juste proportion, l'on comptoit le nombre d'arpens, soit des terres labourables, soit des vignes, soit des prés, soit des bois ; *arvum quot jugerum esse videatur ; vinea quot vites habeat ; olivetum quot jugerum , pratum quot jugerum , pascua quot jugerum ; item silvæ.*

On voit ensuite dans les Loix 6. 7. & 8. du même Titre, l'énumération des Provinces qui étoient exemptes du Cens, & il n'y avoit que trois Provinces de toutes les Gaules *Lugdunenses Galli , item Viennenses & Narbonnenses juris italici sunt.* C'est aussi la raison pour laquelle ces Provinces jouissent encore actuellement de l'ancienne exemption du Cens : tout le reste y fut assujetti.

Enfin ce qu'il faut principalement remarquer est que les Provinces désignées par ces Loix ne furent déclarées exemptes du Cens que , *comme en ayant été affranchies par les Empereurs Vespasien , Titus & autres* ; preuve sensible que depuis la conquête des Romains , le droit commun étoit l'assujettissement général des héritages.

Le Cens n'étoit pas la seule charge qui fût imposée , soit sur les personnes , soit sur les biens. Il y avoit encore plusieurs autres redevances & prestations : le Titre *de muneribus & honoribus* ff. *eodem* dans la Loi 18. en fait l'énumeration. Il y a entr'autres les droits de se faire fournir des chevaux & des chariots, *rei provehendæ sive persequendæ , cursûs vehicularis* ; Droits sur le pain & sur la viande , Droits sur les Marchés , Droits de faire garder les maisons , & de les faire rétablir , *qui præsunt pani & cæteris venalibus , annonæ , custodes ædium* ; Droit de percevoir une certaine quantité de bled par an sur les Terres , *certum quid frumenti pro mensurâ agri per singulos annos præbeant* ; Droit de gîte , Droit de capitation , *de hospite recipiendo , Exactores pecuniæ pro capitibus &c.* Et afin que tous ces droits fussent exactement payés , il y avoit des Officiers préposés pour les percevoir.

Indépendamment de ces Droits , les Patrons en avoient encore d'autres sur leurs Affranchis : c'étoient des corvées & des prestations de differentes especes , telles que le guet & garde , le Droit de se faire accompagner & suivre , de se faire fournir la peine , le travail & l'industrie. Le Titre du Digeste *de operis libertorum* contient les divisions & les qualifications de ces sortes de charges : on trouve dans differentes Loix leurs effets , la maniere de s'en faire servir, & les causes de leur augmentation & multiplication.

Tout cela prouve sensiblement que le Tiers-Etat tombe dans une nouvelle erreur, lorsqu'il donne pour certain que les Gaules jouissoient sous les Romains de la liberté, pour en conclure que les Habitans ont dû en jouir depuis que les Francs ont chassés les Romains des Gaules. Il est vrai que le changement de Souverain n'a point changé la condition des héritages, mais c'est précisément la raison qui détermine, & qui persuade que tout étant chargé de Cens par les Romains, tout a continué d'en être chargé dequis que les Francs sont venus dans les Gaules, jusques là même, que les trois Provinces exemptées par les Romains n'ont joui de l'exemption que par la confirmation de nos Rois.

L'origine des Censives une fois prouvée par le texte même des Loix Romaines, & étant certain par les principes les plus incontestables du droit public que le Roi des Francs a succédé à tous les droits qui appartenoient à l'empire Romain, l'usurpation que le Tiers-Etat impute aux Ducs & aux Grands Vassaux de la Couronne, peut-elle lui faire un moyen ?

On n'appelle communément usurpation que l'entreprise qui se fait sur quelques fonds, ou sur quelques droits au préjudice du Proprietaire & malgré lui, ou à son insçû ; si le Proprietaire consent à la possession publique de ceux qui exercent ses droits, ce consentement dissipe toute idée d'usurpation, il devient un titre suffisant en faveur des possesseurs ; or en supposant pour un moment qu'à la fin de la seconde race de nos Rois & au commencement de la troisiéme, les grands Vassaux de la Couronne ayent transmis la proprieté des bénéfices à leurs enfans comme des biens patrimoniaux, & qu'alors ils l'ayent fait sans le consente ment du Roi, (ce qui n'est pas prouvé, puisqu'au contraire la tradition ancienue dont beaucoup d'Auteurs font mention, est que lorsque Hugues Capet fût élû Roi, il confirma tous les Ducs, Barons & autres Seigneurs dans leurs possessions,) ne suffit-il pas pour regarder cette proprieté comme légitime, de considerer que les derniers Rois de la seconde race & tous ceux de la troisiéme l'ont approuvée & confirmée ? La Charte de Philippe-

Auguste du premier May de l'an 1206 que l'on appelle l'affermissement des fiefs *stabilimentum de feodis Regni Franciæ*, & les Ordonnances données en 1315 par Louis X. en faveur des Nobles de Champagne permettent-elles de douter de ces approbations & confirmations ?

Le Souverain auroit eu seul le droit, dans l'hypotèze, de faire cesser la proprieté des fiefs & de la réunir à son Domaine, il ne l'a pas fait, & au contraire on a vû dans le chapitre troisiéme de la premiere partie qu'il avoit confirmé les Seigneurs & singuliérement ceux de la Province de Champagne dans la proprieté de leurs droits sur leurs hommes & sujets & sur leurs héritages ; peut-on après cela qualifier cette proprieté d'usurpation ? n'est-ce pas un terme plus propre à faire connoître le fiel & l'aigreur de ceux qui s'en servent, qu'à justifier leur défense ?

Il y a plus, ceux qui ont imaginé cette objection pour le tiers-Etat, n'ont pas pris garde qu'elle ne pouvoit lui être d'aucune utilité ; il s'agit ici de la Censive universelle des héritages ; cette Censive subsistoit dès avant l'établissement de la Monarchie & par conséquent avant l'établissement des Fiefs & Seigneuries particuliéres en France ; ainsi cet établissement n'auroit point changé la condition des héritages & ne leur auroit pas imposé le Cens dont ils étoient déja chargés.

Si le tiers-Etat ne payoit pas le Cens aux Seigneurs, il le payeroit au Roi : il n'en seroit point affranchi ; c'est donc du droit du Roi que le tiers-Etat voudroit se faire un moyen ; doit-il être écouté, lorsqu'il est prouvé que le Roi lui-même a consenti que les Seigneurs en jouissent ?

Il est inutile d'examiner par quelle raison nos Rois ont confirmé la possession des Seigneurs des fiefs ; ce sont des matiéres dans lesquelles les particuliers ne doivent point entrer. On sent cependant assez, 1°. que la foy & hommage des Seigneurs a conservé au Roi la marque de supériorité sur les Fiefs, 2°. que les Domaines des premiers Vassaux ayant été réunis à la Couronne, ceux du Souverain se sont trouvés assez étendus pour qu'il ne détruisit pas les fiefs & arriere-fiefs qui relevoient de ses domaines, 3°. Qu'il étoit de la grandeur & de l'éclat de la Majesté Royale d'avoir parmi ses Sujets un grand nombre de Vassaux, 4°. Et enfin, que la plûpart des Seigneurs sacrifiant leurs vies & leurs biens à la défense de la Patrie ils se sont rendus dignes de ces approbtions & confirmations des Fiefs & Seigneuries ; est-il un Citoyen qui ne doive respecter ces motifs ? est-il un homme qui puisse ne pas les trouver équitables ?

Ces motifs n'ont point diminué par la succession des tems, ils sont au contraire devenus plus forts & plus pressans ; tout l'univers est témoin que la Noblesse pleine de reconnoissance envers le Souverain, & d'ardeur pour le bien du Royaume, s'est toujours empressée à marquer son zele & son attachement dans les guerres ; Quelle multitude innombrable de Seigneurs & des Nobles n'a-t'on pas vû s'exposer à répandre leur sang, & épuiser leurs facultés, pour soutenir les droits de l'Etat ? Quel sacrifice plus grand auroient-ils pû faire ? Et s'ils ont rempli l'objet du Souverain, s'ils ont été dans tous les tems les défenseurs de la Patrie & le soutien de l'Etat, n'est-il pas injuste de leur envier la confirmation de leurs Fiefs & Seigneuries ?

I I.

La tradition de la Province de Champagne & les anciennes Coutumes ne renferment rien qui ne condamne formellement la prétention du tiers-Etat ; on a prouvé dans le troisiéme chapitre de la premiere partie que le texte de l'article 39 de ces anciennes Coutumes n'admettoit aucun Roturier à se dire ou appeller Franc, *s'il n'avoit de son Seigneur lettres ou privileges* ; cependant le tiers-Etat qui a grand soin de passer cet article important sous silence, prétend prouver que les anciennes Coutumes établissoient la franchise universelle comme le droit commun par la disposition de l'article 50 dont voici les termes.

Generale Coutume est en Champagne que quiconque met la main à heritages & les saisit soit pour cause de fief ou de defaut de Censive, ou de Coutume ou de terrage, il n'en doit ôter sa main, si on ne lui noye son droit & se on ly noye, il le doit recroire & prouver, & se il prouve son droit, il emporte l'heritage & cil qui a fait le noy le perd.

Cet article, dit-on, imposoit au Seigneur l'obligation de prouver son droit, & delà il s'ensuit que la franchise étoit le droit commun, puisque les Proprietaires n'étoient pas obligés à la justifier.

Les Seigneurs ne sçauroient concevoir qu'on leur oppose pour moyen une disposition qui est entierement en leur faveur.

1°. Le véritable objet de l'article a été de regler la peine du désaveu contre le Vassal ou Censitaire, & cette peine a été la confiscation de l'héritage; voilà ce que l'on veut donner pour preuve d'allodialité d'une Coutume qui par une autre disposition précédente porte qu'il n'y aura point de franchise, *si elle n'est prouvée par lettres ou privileges*, l'argument est-il raisonnable ?

2°. En examinant attentivement les termes de cet article seul; il n'y a personne qui ne convienne que tout ce qu'il exigeoit de la part du Seigneur désavoué, étoit qu'il prouvât sa qualité de Seigneur, soit par la situation de l'heritage contentieux, soit par l'enclave de sa Seigneurie, soit par vües & montrées; *il ne dit pas que le Seigneur estoit obligé de rapporter un titre pour chaque portion d'heritages*, mais de prouver son droit; or le droit étant inhérent à sa qualité de Seigneur, il s'ensuit que quand il justifioit que tel héritage saisi faisoit partie de son territoire & n'étoit pas dans une autre Seigneurie, il avoit le droit d'y percevoir la Censive & de le Confisquer dans le cas du désaveu.

Autrement, il seroit impossible d'entendre l'article 39. qui est conçû dans les termes les plus clairs & les plus précis & qui n'admet d'autre franchise de la part des Gens de Pote ou des Roturiers que les lettres ou privileges accordés par le Seigneur; il seroit encore impossible d'entendre toutes les autres dispositions de ces anciennes Coutumes qui établissent la main-morte personnelle, main-morte qui emportoit non-seulement la servitude des personnes, mais encore celle des biens, main-morte qui étoit générale sur tout le peuple & dans toute la Campagne, comme Saligny en convient sur l'article 6 de la Coutume de Vitry.

Ainsi il faut concilier l'article 50 des anciennes Coutumes avec tous les autres, & en reconnoissant que la franchise a été formellement écartée, à moins qu'elle ne fût justifiée par titres, il doit demeurer pour certain que l'article 50 n'a fait qu'indiquer la maniere dont le Seigneur feroit cesser & punir le désaveu de son Censitaire, sans l'astraindre à rapporter un titre pour prouver sa Censive sur tel ou tel héritage, mais seulement à justifier sa qualité, ou l'enclave de sa Seigneurie.

L'aricle 103 des anciennes Usances du Bailliage de Vitry, que le Tiers-Etat dit avoir été rédigées en éxécution des Lettres Patentes de Louis XI. datées du 17 Août 1481, est conçu dans les mêmes termes que l'article 40 des anciennes Coutumes. Lès réfléxions que les Seigneurs ont faites sur l'un, dissipent tous les raisonnemens que le Tiers-Etat a faits sur l'autre; & dès que ces anciennes Usances ont été tirées des Coutumes de Champagne, elles forment une nouvelle preuve de la censualité universelle.

Au reste, l'argument tiré de ces articles, ne vaut pas mieux que celui qui a été fait par quelques Commentateurs de la Coutume de Paris sur l'article 124 de cette Coutume, qui porte que le Droit de Cens ne se prescrit par le détemteur de l'héritage contre le Seigneur Censier, encore qu'il y ait cent ans, *quand il y a titre ancien, ou reconnoissance faite du Cens*; c'est sur ces derniers termes que quelques-uns ont été d'avis que si le Seigneur n'étoit fondé en titres ou reconnoissances, l'ancienne possession pouvoit valablement lui être opposée pour l'affranchissement du Cens; mais tous les Arrests ont condamné ce systême, & singuliérement depuis celui du 17 Mars 1608, remarqué dans la Conférence de Me Gilles Fortin sur l'article 123, & c'est un principe incontestable dans la Coutume de Paris, que le Seigneur n'est obligé à rapporter aucun titre de Censive, mais seulement en cas de désaveu, à prouver que l'héritage est situé dans sa Seigneurie, & non dans une autre.

III.

Les Procès verbaux des Coutumes de Troyes, de Chaumont, de Sezanne & de Vitry faits en 1509, prouvent qu'il y a toujours eu contestation de la part des Seigneurs pour rendre impuissans les efforts du Tiers-Etat, qui cherchoit à introduire l'allodialité.

Sur l'article 51 de la Coutume de Troyes qui porte, *tout héritage est réputé franc & de Franc-Aleu qui ne le montre être Serf & redevable d'aucune charge* Les Nobles & Gens d'Eglise ayant Justice soutinrent *que de ce il n'y avoit point de Coutume*, & les Praticiens ayant insisté, le differend fut renvoyé en la Cour, & M M. les Commissaires ordonnérent que les Parties écriroient & produiroient.

La même chose arriva à Chaumont sur l'article 62, qui porte: *L'on tient audit Bailliage que tout héritage est réputé franc, qui ne le montre être redevable d'aucune charge, quelque part qu'il soit assis.* Les Nobles soutinrent *que de ce il n'y avoit point de Coutume.* Le différend fut encore renvoyé en la Cour.

A l'égard des articles de la prétendue Coutume de Sezanne, Tresou & Chantemerle, il fut dit par M M. les Commissaires *qu'ils ne seroient publiés ni arrêtés pour Coutumes*; d'ailleurs les trois Arrests cités à la fin du Chap. second de la premiere Partie, prouvent que la Cour a jugé que cette Coutume étoit censuelle.

Enfin sur l'article 16 de la Coutume de Vitry, il y eut encore un differend qui fut renvoyé en la Cour.

A s'en tenir à ces Procès verbaux, on ne sçauroit raisonnablement conclure que ces Coutumes soient allodiales, ni qu'elles ne le soient pas; ce seroit donner la question pour raison.

Il y a cependant une grande différence entre les Coutumes de Troyes & de Chaumont, & celle de Vitry; c'est que dans les deux premieres il parut qu'il y avoit eu un grand nombre d'affranchissemens, & que le Franc-Aleu étoit la tenure la plus commune.

En effet, le Procès verbal fait à Troyes le cinq Mars 1496, qui est rapporté dans la nouvelle Compilation des Coutumes, dans le chapitre 4, portoit déja cette disposition, *tout héritage est franc & reputé de Franc-Aleu qui ne le montre Serf & redevable d'aucune charge, posé qu'il soit assis en Justice d'autrui, & qu'il n'en ait aucun titre*, & cette disposition n'avoit été combattue que par l'Abbé de Montieramez & le Doyen de l'Eglise de Saint Etienne & les Nobles, tous les autres Seigneurs Ecclesiastiques y avoient acquiescé.

Le Tiers-Etat fit plus, il rapporta la preuve que dès l'an 1481 les Coutumes de Troyes avoient été rédigées *avec le même texte* & qu'elles avoient été imprimées & vendues publiquement, tant à Paris que dans les autres Villes du Royaume, sans opposition de la part des Gens d'Eglise & des Nobles.

Enfin il rapporta un Procès verbal du Bailli de Troyes, par lequel il étoit constaté que l'article contraire au Franc-Aleu, avoit été rayé & rejetté d'un commun consentement. Voilà ce qui a fait naître des doutes sur le véritable caractère de cette Coutume, sans que le fond de la question ait été jugé, & le différend vuidé.

A Chaumont il y avoit eu aussi un précédent Procès verbal en 1494. mais qui n'établissoit point le Franc-Aleu, comme de droit commun ; cependant en 1509. les Seigneurs Ecclésiastiques ne voulurent point contredire l'article 62 que le Tiers-Etat avoit fait insérer dans la nouvelle rédaction. Ils se trouvérent partagés avec les Nobles ; c'est aussi ce qui a fait depuis naître des doutes sur le caractère de cette Coutume, mais il n'a point encore été constaté ni arrêté.

Ce qui concerne la Coutume de Vitry est fort différent ; d'un côté il n'y avoit jamais eu d'article dans aucun Procès-verbal avant 1509 qui eût eu pour objet d'établir le Franc-Aleu, comme étant de droit commun dans les lieux qu'elle régit ; au contraire, tout y respiroit la main-morte & la censualité universelle ?

D'un autre côté les Seigneurs & les Nobles s'élevérent *conjointement* en 1509 contre l'allégation du Tiers-Etat, sans que depuis il ait pû rapporter aucun Acte où il y eût un article différend de celui qui avoit été rédigé en 1509 ; faut-il s'étonner si depuis cette Coutume a toujours été regardée comme non allodiale, & jugée telle par les Arrests ?

Indépendamment de ces différences, on demande au Tiers-Etat quelle conséquence il pourroit tirer de l'allodialité des Coutumes de Troyes & de Chaumont, quand même elle seroit certaine & arrêtée ? N'est-il pas de principe que chaque Coutume ne fait Loi que dans son Territoire ? Ne sçait-on pas que c'est la différence des affranchissemens plus ou moins étendus qui a produit celle des Coutumes ? Une contrée est franche, parce que les Seigneurs l'ont affranchie, la contrée voisine est censuelle, parce que les Seigneurs ne l'ont pas affranchie, rien de plus simple.

Si l'on doit argumenter d'une Coutume à l'autre, ou de la proximité de plusieurs Coutumes censuelles, voisines de celles de Vitry; que peut répondre le tiers-Etat à celle de Meaux, qui fut rédigée dans le même mois, & qui tiroit ses dispositions des anciennes Coutumes de Champagne & de Brie, elle porte *que franc aloi ne peut être tenu ou possede sans Titre particulier*; que peut-il répondre à celles de Reims & de Châlons, qui sont deux Coutumes *de la même Province*, & où il est certain que la regle, *nulle Terre sans Seigneur* est adoptée? Il en est de même de plusieurs autres Coutumes voisines, comme on l'a remarqué dans le Chapitre second de la premiere Partie; ainsi nulle induction à tirer des Procès-verbaux des Coutumes de Troyes, Chaumont, Sezanne & Vitry en faveur du tiers-Etat, & toutes les conséquences qui peuvent en résulter lui sont évidemment contraires.

I V.

Les différentes dispositions de la Coutume de Vitry dont le tiers-Etat argumente, se rétorquent avec succès contre sa prétention, & les articles mêmes qu'il cite, pris dans leur véritable sens, écartent toute idée d'allodialité.

Il invoque d'abord les articles 16 & 135.

Le premier est conçû dans ces termes: *Ainsi toutes Terres tenues & réclamées franches par dix ans entre présens, & vingt ans entre absens âgés & non privilegiés, avec juste titre & bonne foi, sont à toujours franches de Cens, redevances, ou servitudes, & ainsi on en use.*

L'article 135 porte: *Toutes Terres occupées, tenues & réclamées franches par dix ans entre présens & vingt ans entre absens, âges & non privilegiés avec juste titre & bonne foi, sont à toujours franches & sans servitudes*, & *ainsi on en use.*

Voilà deux articles, dit le tiers-Etat, qui établissent la prescription du Cens & de toutes servitudes; or la prescription du Cens dans une Coutume prouve qu'elle est allodiale, donc la Coutume de Vitry admettant la prescription du Cens, elle doit estre jugée allodiale.

Si l'argument peut paroître spécieux, ce n'est pas à ceux qui sont instruits de ce qui s'est passé lors de la Rédaction de la Coutume ; mais on va voir qu'il n'est pas vrai, & qu'il n'est pas proposé de bonne foi.

Il faut d'abord distinguer les deux articles, le premier est celui qui occasionna le différend en 1509 ; il fût contesté par le tiers-Etat, qui prétendit qu'il y avoit un ancien article contenant que toutes Terres au Pays de Champagne étoient réputées franches de censives & autres redevances, sinon que le Seigneur y prétendant censives ou redevances, en fit apparoir par titre ou possession suffisante ; mais comme l'allégation étoit contraire à la vérité, les Ecclésiastiques & les Nobles soutinrent que de ce il n'y avoit Coutume audit Bailliage, & que ne pouvoient les sujets d'icelui tenir Terre sans Seigneur & lui en payer censive ou droiture.

Sur quoi Messieurs les Commissaires ordonnérent *que les Parties écriroient & produiroient pour y être pourvû par la Cour, & que cependant les Gens d'Eglise & les Nobles useroient sur leurs sujets de tels droits qui pourroient leur compéter & appartenir, défenses aux sujets réservées au contraire.*

Le second article cité, qui est le 135, est sous le titre des servitudes que les Particuliers peuvent acquérir les uns sur les autres, & par là il est indifférend à cette matiére ; attachons-nous donc au premier.

Deux vérités incontestables prouvent que l'article 16, tel qu'il est conçû & entendu dans son vrai sens, condamne le systême de l'allodialité. La premiere est que s'il admet la prescription du Cens, ce n'est qu'avec *un Titre* de la part du Détemteur ; or quel peut estre ce Titre, si ce n'est un affranchissement de la part du Seigneur ? Donc l'article n'admet point la franchise sans Titre. La seconde, est que ce n'est point du chef Cens que l'article à entendu parler, mais seulement du Cens foncier ou surcens ; comment peut-on mieux le prouver que par la contestation que fit le tiers-Etat contre cet article en 1509 ? Si l'article eût établi la prescription du chef-Cens, le tiers-Etat auroit-il eu quelqu'interest à s'y opposer ? N'auroit-il pas formé la preuve de l'allodialité de la Coutume ? pourquoi donc s'y opposa-t-il, si ce n'est parce qu'il sentit que la prescription de dix & de vingt ans ne pouvoit avoir lieu contre le chef-Cens ?

Mais comment le tiers-Etat ose-t-il proposer aujourd'hui une pareille interprétation, tandis que l'imprescribilité du Cens a été reconnue & avouée autentiquement par tous les Bailliages que cette Coutume régit ?

C'est ce qui est attesté par M. de Saligny sur le mot *Cens* de cet article 16. Il remarque que par Arrest du mois de Mai 1612, il fut dit que les Habitans de Sermaize qui prétendoient prescription de censives, feroient vuider dans un certain temps l'article, & que cependant par provision ils payeroient le droit ; il dit ensuite qu'en 1651 les Jésuites ayant demandé un acte de notoriété de l'usance du Siége de Vitry en cette matiére, pour leur servir au Parlement contre des Particuliers de Sainte Liviere, lui, (M. de Saligny) opina le second pour cette distinction, *que quand au chef-Cens, il est imprescriptible comme Seigneurial, mais que le sur-Cens ou Cens foncier se prescrit par trente ans, sans Titre, & par dix ou vingt ans, quand le Titre ne charge point l'héritage* ; il ajoute, *que ce sentiment fut suivi d'une commune voix, & l'acte octroyé dans les termes de la distinction.*

Durand sur le même article, dit que la distinction de Saligny a éte depuis suivie pour le Cens originairement foncier & Seigneurial *en cette Coutume* & en celles qui n'en disposent pas plus, *même par cent ans.* Il cite plusieurs Arrests, *quoi qu'on fit voir dans les especes qu'on n'avoit jamais payé le Cens ni les lods & ventes.*

Il dit ensuite que l'ont tient de même qu'un défaut de chef-Cens ou petit Cens foncier & Seigneurial, le droit Champart ou de Terrage, s'il est originairement foncier & Seigneurial, tient lieu de chef-Cens, qu'*il est imprescriptible, & qu'il n'est pas besoin de s'opposer à un decret pour le conserver.*

M. de Richebourg dans ses Notes sur le même article de la Coutume de Vitry, dit que *les termes dans lesquels cet article est conçû, justifient que la preuve du Franc-Aleu doit être par écrit & non par témoins, nonobstant les articles 19 & 20. qui ne contiennent point une décision generale, mais une simple definition du Franc-Aleu Noble & Roturier quand il y a titre*, il ajoute qu'il a été jugé au profit de Damoiselle Severine Oudard, veuve de Martin le Quien, ſieur de Juvigny le 20 Juin 1609, au rapport de M. de Ribien en la cinquiéme Chambre des Enqueſtes, qu'à Vitry nulle terre ſans Seigneur, & que le Cens emporte lods & ventes.

Le même Auteur ſur le Procès-verbal de la Coutume de Vitry cite auſſi l'Arreſt rendu contre les Habitans de Sermaize rapporté par de Saligny, & il obſerve que cet Arreſt a été rendu en la cinquiéme Chambre des Enquêtes, au rapport de M. Lepreſtre le 19 Mai 1612, il en conclut que l'interlocutoire n'ayant pas été exécuté, la proviſion a paſſé en diffinitive après les 30 ans.

L'impreſcribilité du Cens eſt encore atteſtée par l'acte de notoriété, que les Officiers, Avocats & Praticiens du Siége de Rumigny donnérent le 22 Decembre 1732 pour l'affaire de la Marquiſe d'Ambres.

Elle eſt encore atteſtée par le Procès-verbal d'aſſemblée de tous les Officiers du Bailliage de Château-Thiery, tenue le 13 Avril 1734, pour déliberer ſur le véritable ſens de l'article 16 & autres, & ſur leur uſage. (Ce Procès-verbal eſt à la fin de la diſſertation.)

Enfin elle a été jugée par tous les Arrêts, & elle forme le droit commun dans toute l'étenduë de la Coutume depuis 1509.

Peut-on réſiſter à des preuves auſſi claires, & auſſi frappantes ? & ne doit-on pas reconnoître que ſi le Tiers-Etat *en partie* adopte aujourd'hui un article qu'il a conteſté en 1509, c'eſt parce qu'il ſe voit ſans reſſource pour établir la franchiſe ; mais s'il adopte l'article 16. il doit le prendre dans ſon véritable ſens, & ne pas le forcer contre les interprétations qu'il lui a données dans toutes les occaſions.

Au reſte, l'ancien article de franchiſe générale que le Tiers-Etat vouloit faire ſubſtitüer aux termes de l'article 16. étoit tellement ſuppoſé & imaginaire, qu'il n'a pû le juſtifier ni lors du Procès verbal de 1509, ni depuis ; il étoit même impoſſible qu'une diſpoſition pour la franchiſe générale eût jamais exiſté, puiſqu'il y avoit une diſpoſition préciſément oppoſée dans les anciennes Coutumes de Champagne. *Coutume eſt en Champagne, que homme de Pote ne peut ſe dire ni appeller franc, s'il n'a Lettres de son Seigneur ou Privilege.*

On conçoit d'ailleurs que si la franchise eût été établie dès avant 1509 dans l'étenduë de la Coutume de Vitry, elle se seroit trouvée fondée sur des concessions & sur des affranchissemens accordés ou par les Comtes de Champagne, ou par les Souverains, où par les Seigneurs particuliers; elle auroit été consignée dans des monumens authentiques, elle auroit été notoire & publique; & dès qu'elle auroit formé le droit commun & général, les Ecclésiastiques & les Nobles ne l'auroient point déniée.

Mais qu'est-ce qu'une franchise alléguée sans preuve, démentie par les anciennes Chartes & Coutumes de la Province, détruite par les anciennes Ordonnances des Souverains, combattuë à l'instant même qu'elle a été proposée, & dissipée par par toutes les autres dispositions de la même Coutume accordées & reconnuës par le Tiers-Etat, sinon une supposition manifeste qui ne sçauroit jamais s'accréditer dans les esprits?

Le Tiers-Etat cite en second lieu les articles 18. & 117. dont voici les termes.

Article 18. *Les Seigneurs qui ont en leurs Terres droit de censive, quand ledit cens porte lods & ventes, vétures & amendes, lesdits Seigneurs peuvent, au moyen dudit droit, prendre & avoir les heritages ainsi chargés, quand on les vend, pour le prix de la venduë, ou si mieux leur semble, ils en auront les lods & ventes, selon la Coutume du lieu.*

Article 117. *Coutume & usage est audit Vitry, que quand on vend aucuns héritages chargés & redevables de cens fonciers envers le Roi, où les Eglises dudit lieu;* ou autres, *l'acheteur est tenu payer les ventes qui est 20 deniers pour livre, & n'en doit aucune chose le Vendeur.*

L'objection consiste à dire que ces termes de l'article 18. *les Seigneurs qui ont droit de censive en leurs terres*, justifient que tous les Seigneurs ne l'ont pas, & que ces autres termes, *quand ledit cens porte lods & ventes*, justifient que le cens n'est point uniforme, & qu'ainsi les Seigneurs pour prendre des lods & ventes, sont obligés à prouver par titre que la condition des lods & ventes est attachée à la censive; que la disposition de l'article 117. ne s'entend que de la Ville de Vitry, & non des autres lieux régis par la Coutume : enfin que ces termes du même article, *quand on vend aucuns héritages chargés de cens foncier*, font connoître qu'il y a des héritages qui n'en sont pas chargés.

Il n'y a point de loi si claire & si précise qui ne soit exposée à la contradiction de ceux qui ne veulent pas l'entendre.

1°. Ces termes de l'article 18. *les Seigneurs qui ont en leurs terres droit de censives*, ne sont pas des termes exclusifs & négatifs de la censive, ils l'établissent au contraire positivement & universellement; ils déclarent que les Seigneurs ayans la censive, ont en même temps les lods & ventes, & que c'est parce qu'ils ont la censive que les lods & ventes leur sont dûs, comme la prérogative qui y est attachée; c'est la même chose que si l'article portoit, *les Seigneurs ayans la censive, peuvent avoir les héritages pour le prix de la vente, ou les lods & ventes :* Ainsi quand l'article dit, *les Seigneurs qui ont le droit de censive ont aussi les lods & ventes :* il assure deux choses; l'une que tous les Seigneurs ont la censive, & l'autre que cette censive doit leur produire les lods & ventes.

L'objet de l'article a été d'assûrer aux Seigneurs le retrait censuel ou les lods & ventes à leur choix; il est donc évident que cette expression, *qui ont droit de censive*, n'est que l'indication de la cause qui a dû opérer en faveur des Seigneurs ou le retrait censuel, ou les lods & ventes; il n'y a personne qui puisse se refuser à une vérité aussi éclatante, surtout *dans une Coutume qui n'établit point le Franc-Aleu comme le droit commun, & qui renferme un grand nombre de dispositions pour établir la mouvance, la censive, & tous les droits qui supposent nécessairement le cens.*

C'est donc abuser d'un article qui a été mis au profit des Seigneurs, pour marquer & assurer toute l'étenduë de leurs droits, que le présenter comme une disposition qui leur seroit contraire, & qui auroit eu pour objet de les limiter, ou de les assujettir à justifier leurs censives.

Si les Seigneurs avoient eu besoin de titres pour établir le cens, les textes qui leur ont attribué les lods & ventes, auroient été purement frustratoires; la raison en est sensible : c'est qu'ayant le titre pour le cens, ils l'auroient eu en même temps pour les lods & ventes qui en sont les accessoires inséparables, ils n'auroient donc pas eu besoin d'une loi & d'une disposition expresse de la Coutume.

Concluons donc que le texte de la Coutume a été ainsi rédigé d'après l'ancien usage qui établissoit le cens universel, & que ce texte, loin de pouvoir être opposé aux Seigneurs, est le titre en vertu duquel ils sont en droit de percevoir le cens & les lods & ventes.

2°. Les termes, *quand ledit cens porte les lods & ventes*, n'ont été mis que pour faire la juste distinction du cens qui est vraiment seigneurial, d'avec le cens non seigneurial, qui est appellé dans quelques Coutumes *Cens truant*, dans d'autres *Cens foncier*, & dans d'autres *Surcens*; il est bien certain que ces cens, ou *truans*, ou *fonciers*, ou *surcens*, ne produisent point de lods & ventes. Un Seigneur achete un héritage qui doit le Chef-cens à un autre Seigneur, ensuite il revend cet héritage à un Particulier, à la charge d'une prestation ou d'une rente qu'il aura jugé à propos de qualifier *Cens*, il n'est pas douteux que ce second cens ne doit pas produire de lods & ventes, & qu'ils appartiennent au Seigneur qui a le chef-cens, cela est expliqué de la même maniere par Me de Salligny, qui en rapprochant l'article 18 de l'article 117. observe sur le dernier que *l'article 18. parle du cens en general, & distingue celui qui porte lods & ventes, de l'autre qui est stérile, & que la Coutume d'Auvergne chapitre 31. art. 71. appelle* Cens truant, *qui ne produit rien aux mutations, mais que ce texte regarde le cens foncier que notre Coutume suppose avoir suite de droits qu'elle appelle ventes simplement; il faut concilier ces deux articles par cette observation, qu'il y a des cens fonciers qui ne sont pas seigneuriaux, &c. or l'héritage chargé de cens foncier non seigneurial, peut ne pas devoir lods & ventes; mais le cens seigneurial porte nécessairement cette charge, si le titre n'y déroge.*

3°. Les termes de l'article 117 *Coutume & usage est audit Vitry* sont généraux & comprenent tous les lieux régis par cette Coutume, les Commentateurs se servent même de cette expression *à Vitry* ou *en Vitry* pour les désigner ; mais ce qu'il y a de plus précis est que le Roy est seul Seigneur de Vitry le François, or l'article n'est pas borné au Roy seul, il comprend *les Ecclé-*

ſiaſtiques ou autres, par conſéquent la diſpoſition eſt générale pour tous les Seigneurs.

M. de Salligny ſur cet article n'héſite point à dire qu'il n'y a que ceux qui ne ſe ſont pas verſés dans cette Coutume qui ſoutiennent que les biens ſitués ailleurs qu'en Vitry ne doivent pas les lods & ventes, il obſerve *qu'il y a dans le Bourg de Vitry en Pertois* (qui eſt un lieu différend de la Ville de Vitry(*diverſes Cenſives appartenantes les unes au Chapitre de Vitry-le-François, les autres aux Trinitaires du lieu, aux Dames de Saint Jacques & au Prieur de Sainte Geneviève*, & il ajoute *que toutes les Cenſives portent indifféremment lods & ventes tant ſur les héritages du Bourg, que de la Campagne*; c'eſt auſſi une vérité notoire.

4°. Les termes du même article 117 *quand on vend aucuns heritages chargez de Cens fonciers* ont eû pour objet d'indiquer le cas auquel les lods & ventes étoient dûs; c'eſt celui de la vente; en cela il n'a fourni aucune exception; le ſurplus de l'article a compris tous les héritages en exprimant ce qui relevoit du Roi, des Egliſes, *ou autres*; ainſi toute l'exception que l'on peut concevoir comme admiſe par l'article, eſt que lorſque quelques héritages ſont affranchis, il ne doivent ni Cens ni lods & ventes, mais c'eſt préciſément cette exception qui oblige les détemteurs à rapporter les lettres ou titres d'affranchiſſement, parce que les Seigneurs ont pour eux le texte de la loi municipale, qui comprend tout, & qui attribue indéfiniment les lods & ventes aux Seigneurs.

Le Tiers-Etat cite en troiſiéme lieu les articles 19 & 20, *qui portent qu'audit Baillage y a Franc-Aleu noble & Franc-Aleu Roturier.*

Il ſeroit inutile d'entrer dans une nouvelle réfutation de deux articles qui n'établiſſent point le Franc-Aleu, comme étant le droit commun, mais ſeulement comme un être particulier dont l'exiſtance doit être juſtifiée, & comme une exception à la Cenſive générale établie par les autres articles, & même par un chapitre exprès qui eſt le dixiéme de la Coutume; on renvoye le Lecteur à ce qui a été dit au commencement du chapitre quatriéme de la premiére Partie.

Enfin le tiers-Etat employe l'article 40 qui porte *qu'où ledit Seigneur feodal fait ſaiſir le fief de ſon Vaſſal, & que ledit Vaſſal nie que ledit fief soit mouvant dudit Seigneur, & ledit Seigneur le prouve, ledit Vassal perd son fief; mais en terres de Censives, quand le détemteur & le proprietaire ni au Seigneur son Cens & le Seigneur le prouve, le détemteur ne perd pour ce sadite terre*, c'est-là, dit le Tiers-Etat, une disposition qui oblige le Seigneur à prouver son Cens par titre, elle dénote Clairement l'allodialité.

Quoique cet argument soit le même que le Tiers-Etat a tiré de l'article 50 des anciennes Coutumes de Champage, & de l'article 103 des anciennes Usances de Vitry, argument qui a été détruit sans ressource; il est à propos d'observer ici que le Tiers-Etat lors de la rédaction de 1509 a fait subtilement changer la disposition qui portoit la confiscation contre le Censitaire, comme contre le Vassal; il y avoit dans les anciennes Coutumes & Usances, *& celui qui a fait le noy le perd*, le Tiers-Etat a fait ajouter une simple négation presqu'imperceptible, qui fait *ne le perd*, pour sauver la confiscation des Terres en Censives; mais cette subtilité ne doit pas lui profiter au préjudicedes Seigneurs qui ont crû de bonne foy que l'article avoit été rédigé tel qu'il étoit soit dans les anciennes Coutumes, soit dans les anciennes Usances, & à la vûe de ces deux monumens il est juste de rétablir le droit tel qu'il étoit & tel qu'il appartient aux Seigneurs.

Au reste cette différence ne fait rien au caractére de la Coutume & pour qu'une Coutume soit Censuelle, il n'est point du tout nécessaire que la confiscation soit la peine du désaveu fait par le Censitaire; la Coutume de Paris & quantité d'autres sont une bonne preuve de cette vérité: il y a une autre voye de punir le Censitaire, qui est celle de l'amende faute de payement du Cens, ou des lods & ventes; Durand sur l'article 18 convient que cette amende est dûe, & les Arrêts l'ont jugé.

On ne s'arrêtera point à répondre ici à l'obligation que le Tiers-Etat dit avoir été imposée par l'article au Seigneur de prouver son Cens par titre: l'article ne dit point que la preuve sera faite par titre: il laisse au Seigneur le choix & la liberté de la preuve, & cette preuve est toute faite quand le Seigneur prouve son enclave, & quand le Cens ne lui est contesté par aucun autre Seigneur; voilà ce qui s'observe dans toutes les autres

tres Coutumes non allodiales : celle de Vitry n'a donc rien de particulier, & le Tiers-Etat ne répondra jamais à l'article 39. des anciennes Coutumes qui a imposé expressément à tous roturiers l'obligation de rapporter des Lettres ou priviléges, pour pouvoir prétendre la Franchise de leurs personnes, & de leurs biens.

V.

De toutes les autorités que le Tiers-Etat a citées pour soutenir sa prétention, il n'y a pas une qui soit recevable, ou qui ne lui soit contraire, ou qui ne soit combattue par les raisons mêmes que donnent les auteurs dont il a invoqué les suffrages.

De Saligny & Durand qui sont les deux Commentateurs de la Coutume de Vitry, sont deux hommes du Tiers-Etat qui, par plusieurs circonlocutions, ont cherché à prouver l'allodialité de la Coutume ; mais leurs propres ouvrages déja suspects, au lieu de soutenir le systême, le détruisent & le renversent. Tantôt ils rapportent des Arrêts qui ont condamné les détempteurs à payer le Chef-Cens, & les lods & ventes, *quoiqu'ils ne les eussent jamais payé* : tantot ils avoüent qu'autrefois tout le peuple étoit de condition servile à la Campagne, & qu'au droit de main-morte personnelle [qui emportoit la main-morte réelle, comme tous les auteurs en conviennent] ont été substitués des droits de corvées, de terrage, de four, moulin & pressoirs bannaux, de feu, de bourgeoisie & de tirage ; (ce droit de tirage est presque général en Champagne.) Sont-ce là des preuves d'allodialité ?

Didier Herault dit à la vérité que l'on veut faire passer la Coutume de Vitry pour allodiale, mais il en cherche la raison. Est-ce parce-que l'article 16. semble admettre la prescription du Cens par dix ans ? C'est ce qu'il ne peut pas concevoir, *quæ quidem verba si id significant quod vulgò putant, meritò notantur.* cap. 14. N. 21. *rerum & quæst. juris quotid.* Ensuite il remonte à l'article 15 qui parle des terres vacantes, & il tâche d'adapter la disposition de l'article 16 à ces terres vacantes, mais quoiqu'en cela son opération ne soit pas juste, elle marque bien que cet Auteur avec toute sa bonne volonté n'a point dit, ni pû trouver une raison pour dire que le Chef-Cens fût prescriptible sur tous les héritages possédés par les particuliers. Enfin pour sortir d'embarras, il dit qu'il pense que le sens des articles 16. & 135. est que les Praticiens de Vitry n'avoient point de notes ni de moyens, lorsque la Coutume a été réformée, pour lever la difficulté, & que c'est le sujet de la dispute sur la présomption de liberté ou de servitude, comme il est prouvé par les Actes de la réformation ; *atque hanc illorum articulorum sententiam esse puto quam nec Vitriacenses pragmatici, cùm consuetudo reformaretur, notam habuisse ex Actis reformationis constat, ubi de præsumptione libertatis aut servitutis inter se digladiatur. Ib. N.* 13. Ce n'est assurément pas là un suffrage qui favorise le Tiers-Etat ; il lui est évidemment contraire.

La Thaumassiere, sur la Coutume de Berry, est un Auteur qui s'est épuisé en réflexions pour tâcher de prouver l'allodialité de sa Coutume, & pour parvenir à y faire adopter le systême du Franc-Aleu, il a cité comme allodiales quelqu'autres Coutumes où l'allodialité étoit en contestation ; mais malgré ses citations plusieurs Arrêts solemnels ont jugé que la Coutume de Berry n'étoit point allodiale : il y en a un entr'autres rendu au rapport de M. de Vougny le 17 Juillet 1744, au profit du Sieur Georges Gougenot, Secretaire du Roi, Seigneur de Lille-sur-Arnon en Berry, contre la Demoiselle du Bois, veuve de M. Pierre Robert, Assesseur Criminel en la prévôté d'Issoudun ; cet Arrêt a jugé la question *in terminis* sur les mêmes moyens que le Tiers-Etat employe aujourd'hui dans la Coutume de Vitry : il s'ensuit que la Thaumassiere n'a pas connu le véritable caractére de sa Coutume, comment veut-on que son suffrage soit écouté pour une autre Coutume qui a des dispositions précises contre l'allodialité ?

L'Auteur du Dictionnaire des Arrêts, *verbo*, Franc-Aleu, paroît d'abord avoir été d'avis que la Coutume de Vitry étoit allodiale ; mais après avoir rapporté un Arrêt interlocutoire rendu au Parlement le 8 Juillet 1698, sur les conclusions de M. d'Aguesseau, Avocat Général, qui tendoit à des éclaircissemens sur la question, il cite deux Arrêts particuliers rendus au Grand Conseil, dont le dernier est du 13 Janvier 1703, rendu sur les conclusions de M. Benoit de Saint Port, Avocat Général, & qui ont jugé *que la Coutume de Vitry n'étoit pas allodiale*.

M. Charles Dumoulin sur l'article 68. de la Coutume de Paris n'a point dit que la Coutume de Vitry fût allodiale; mais au nombre 3. faisant la division du Franc-Aleu en noble & roturier, il ajoute simplement que la Coutume de Troyes & celle de Vitry font la même division, *& similem ferè divisionem faciunt reliquæ consuetudines, ut Trecensis* § 54. & 55. *& Victriaca* § 19. & 20. Dire qu'une Coutume fait une division du Franc-Aleu, ce n'est pas dire qu'elle est allodiale: car la Coutume de Paris & quantité d'autres font aussi la même division, & elles ne sont pas allodiales.

Quand ensuite M. Dumoulin veut citer des Coutumes allodiales, où tout est présumé franc de droit, *il ne parle plus de la Coutume de Vitry*; mais il cite celles de Troyes & de Nivernois *seules*. C'est au nombre 13. sur le même article, *Litteræ verificationis nullo modo requiruntur in locis in quibus expressa viget consuetudo juri communi conformis, quod omnis res alaudialis præsumitur, nisi de contrario doceatur, ut apud Trecenses & Nivernenses, quià consuetudo est pro generali titulo declaratorio*. La citation du Tiers-Etat n'est donc pas vraye?

Billecart sur l'article 166 de la Coutume de Châlons, dit à la verité que la Coutume de Vitry est une Coutume de Franc-Aleu; mais deux raisons doivent faire écarter son avis; la premiere est que c'est un Commentateur nouveau qui a sans doute été excité par le Tiers-Etat duquel il étoit, à citer la Coutume de Vitry comme allodiale; son affectation est même allée jusqu'à la citer par préférence à celles de Troyes & de Chaumont; la seconde est qu'il convient formellement que dans la Coutume de Vitry, *le Chef cens est imprescriptible*, ensorte qu'il fournit lui-même le motif qui détruit sa proposition, puisque l'imprescriptibilité du Cens dans une Coutume, est le principal caractère auquel on reconnoît qu'elle n'est point allodiale.

Il en eſt ainſi de l'avis des Commentateurs des Oeuvres de Dupleſſis. Cet Auteur célébre & accrédité avoit retracé les regles infaillibles auſquelles on devoit juger du caractère d'une Coutume, & il s'étoit bien donné de garde de citer celle de Vitry comme allodiale, parce qu'il avoit reconnu que les diſpoſitions qu'elle renfermoit, ne permettoient pas de douter qu'elle fût cenſuelle; il avoit donné pour principe inconteſtable qu'*en France nulle Terre ſans Seigneur, & qu'il falloit une diſpoſition expreſſe contre le Droit Coutumier, pour que tout héritage fût réputé franc & allodial dans une Coutume*; c'eſt à côté de ce principe que l'on s'eſt aviſé de mettre dans la derniere Edition par une note marginale, les Coutumes de *Vitry* & de *Berry* comme étant du nombre de celles dont l'Auteur avoit entendu parler; ſi c'eſt le fait des Commentateurs de Dupleſſis, on ne peut s'empêcher de dire que leur erreur eſt manifeſte, parce que ni l'une ni l'autre de ces Coutumes n'ont la diſpoſition expreſſe contre le Droit Coutumier, pour que tout y ſoit réputé franc & allodial; mais que ce ſoit le fait des Commentateurs, ou que ce ſoit une addition faite après coup par quelque zélé perſonnage pour le Franc-Aleu, l'avis ſolide de l'Auteur n'en ſouffrira point, & le caractère de la Coutume de Vitry n'en ſera pas moins cenſuel & non allodial.

On ſera ſans doute étonné de voir au nombre des citations faites par le Tiers-Etat, celle de l'avis de Galand; on ne croit pas qu'il y ait jamais eu d'Auteur plus contraire au Franc-Aleu; s'il a parlé de la Coutume de Vitry, ce n'a ſûrement pas été pour dire qu'elle étoit allodiale, puiſqu'il n'en admet aucune, pas même celle de Bourbonnois; auſſi s'explique-t'il ſur celle de Vitry en ces termes, chap. 8 pag. 114: *combien eſt ridicule l'induction tirée de l'art.* 135. *de la Coutume de Vitry, lequel ne peut être porté hors ſon eſpece? il dit que toutes Terres tenues franches par dix ans entre preſens, & vingt ans entre abſens, âgez & non privilegiez, ſont toujours franches; cela ne regarde que les particuliers. L'exception des âgez & non privilegiez conſerve le Roi toujours reputé mineur, & dont les droits ne tombent point ſous la preſcription*; * *d'ailleurs l'induction eſt anéantie par l'impertinence de l'article, ſous une Coutume mal conçûe, mal reglée, obſcure, & qui ne peut être entendue du Franc-Aleu; & comment*

* Il en eſt de même des Droits des Seigneurs, puiſqu'ils ſont émanés du Roi.

par opinion commune, mal fondée, une Terre pendant dix ans tenue pour Franc-Aleu, seroit-elle affranchie & tenue pour allodiale, les rencontres d'ouvertures & de droits ne se présentans pas en un demi siécle?

Il est vrai que l'Auteur a paru trouver ensuite de la contradiction entre les articles 18 & 117, qui attribuent au Seigneur les lods & ventes, mais M. de Saligny sur l'article 117 a prouvé qu'il n'y en avoit aucune, & que les lods & ventes étoient dûs universellement.

De Ferrieres dans son grand Commentaire de la Coutume de Paris sur l'article 68, ne dit point que la Coutume de Vitry soit allodiale; il propose la question sur la Coutume de Paris, & il rapporte les raisons de part & d'autre; mais en parlant de la Coutume de Vitry, il dit que les dispositions de celles de Melun & de Meaux, qui furent rédigées dans le même mois d'Octobre 1509, sont un témoignage certain *d'irrégularité* dans les autres Coutumes, *à laquelle ont été portés les Gens du Tiers-Etat, au préjudice des Seigneurs.* Il observe qu'*il faut distinguer les servitudes que les Particuliers ne sçauroient prétendre sans Titre sur les heritages voisins d'avec les droits que les Princes & les grands Seigneurs se sont autrefois réservés sur les Terres qu'ils alienoient, de sorte que l'on doit présumer que toutes les Terres en sont chargées, à moins que les possesseurs ne prouvent qu'elles en sont exemptes.* Ce sont-là des vérités fondamentales dont on ne doit jamais s'écarter.

Enfin quand supposeroit que quelques Auteurs, en commentant des Coutumes de différentes Provinces, eussent donné pour exemple des Coutumes allodiales, celle de Vitry, seroit-ce là une raison pour dire que la Coutume de Vitry fût allodiale, tandis qu'il seroit prouvé par toutes ses dispositions que non-seulement elle n'a point établi le Franc-Aleu comme étant de droit commun, mais qu'elle a au contraire établi par des dispositions générales la main-morte, le cens, le retrait censuel, les lods & ventes, la saisine, les droits de quint & requint, &c? Tout ce que l'on pourroit conclure de la citation faite par ces Auteurs, seroit une erreur dans laquelle ils auroient été induits par de Saligny & Durand Commentateurs de la Coutume de Vitry ; il faudroit toujours recourir aux principes, comme l'on a fait dans la Coutume de Berry, malgré le Commentaire, & le traité du prétendu Franc-Aleu de Berry fait par la Thaumassiere.

Mais cette erreur quoiqu'indifférente à la question, n'a été faite que par très-peu d'Auteurs, & pour qu'on ne pût pas abuser de ce qu'ils n'avoient point fait une étude particuliére de la Coutume de Vitry en travaillant sur d'autres, ils ont tous rétracé le même principe, qui est qu'à moins qu'une Coutume ne porte une disposition expresse & générale pour établir le Franc-Aleu, en ces termes : *Tout heritage est franc qui ne le montre redevable*, elle ne doit point être regardée comme allodiale, & qu'on doit y suivre la maxime, *nulle Terre sans Seigneur*.

Concluons donc que le tiers-Etat n'a aucun Auteur dont le suffrage puisse favoriser sa prétention.

IV.

La derniere ressource du tiers-Etat est de chercher à affoiblir le grand nombre de préjugés respectables que les Seigneurs ont rapportés dans le chap. 7 de la premiere Partie, par des Arrests contraires, qui ont, dit-il, décidé que la Coutume de Vitry étoit allodiale.

Si ces Arrests étoient tels qu'ils les supposent, il s'ensuivroit tout au plus qu'il y auroit eu variation dans la Jurisprudence, & dans cette hypothése, le parti le plus sage & le plus sûr, seroit de se déterminer par la regle générale du Royaume.

Mais on va prouver que ces Arrests ne sont intervenus que sur des circonstances particuliéres qui ne peuvent l'emporter sur les textes de la Coutume de Vitry, ni sur le droit commun de la France, ni sur les Arrests qui ont disertement jugé la censualité.

Le premier de ces Arrests est du 20 Novembre 1604, il a été rendu entre le Seigneur de Saint Etienne au Temple & le nommé Lallemant, qui possédoit plusieurs héritages, tant à Saint Etienne qu'à Saint Hilaire ; le Seigneur lui avoit demandé des lods & ventes pour raison des acquisitions par lui faites. On ne voit point ce que le Détemteur avoit opposé ; il paroît seulement que par un Arrêt interlocutoire du 18 Janvier 1601, il avoit été ordonné que les Parties articuleroient plus amplement leurs faits dans huitaine, & informeroient ; on ne sçait quels étoient ces faits, ni sur quoi tomboit cette information ; suivant les apparences, le Détemteur avoit rapporté des actes de possession de franchise, & il avoit articulé des faits de reconnoissance de cette franchise de la part du Seigneur ; l'Arrest définitif a débouté le Seigneur de sa demande.

Cet Arrest ne prouve point l'allodialité de la Coutume de Vitry ; si ç'eût été la question agitée entre les Parties, la Cour n'auroit pas ordonné préalablement que les Parties articuleroient des faits, parce que ce n'est pas par des faits qu'un point de Coutume se décide.

Le second Arrest est du 26 Juillet 1608, il est plus détaillé ; on y trouve les moyens des Parties. Cet Arrest a été rendu entre les Seigneurs d'Orcon & les Habitans du même lieu ; les Seigneurs avoient demandé la communication des Titres des acquisitions faites par les Habitans depuis dix ans au finage d'Orcon pour être condamnés à leur payer les lods & ventes sur le fondement que tous héritages chargés de Cens devoient les lods & ventes, & que pour leur Seigneurie d'Orcon, il étoit dû douze deniers tournois de Cens pour chaque journel ; les Habitans répondirent que cette redevance n'étoit pas un Cens, mais une imposition faite par les Seigneurs sur les héritages de quelques Particuliers par une Transaction de 1515 pour demeurer quittes de 200 liv. de taille que les Seigneurs avoient prétendus exiger des Habitans. Par Sentence du Bailly de Vitry les Seigneurs avoient été déboutés de leur demande, elle fût confirmée.

C'est vouloir faire illusion que présenter cet Arrest comme ayant jugé la question d'allodialité, parce que dans l'espéce le Cens de douze deniers n'étoit point la premiere redevance dûe pour la tradition du fond ; elle ne pouvoit par conséquent pas produire de lods & ventes.

Le troisiéme Arrest est du 12 Avril 1614, il a mis hors de Cour sur la demande du sieur Fauconnier, Seigneur de Chevieres, afin de payement des lods & ventes sur les basses Terres de cette Seigneurie chargées de Cens. Cet Arrest a été rendu sur les Titres de ce Seigneur, qui justifioient qu'il n'avoit que des Cens *non productifs de lods & ventes*, & que les basses Terres ne lui devoient que cette sorte de Cens; il y avoit même cette circonstance, que le sieur Fauconnier n'étoit que Seigneur en partie de Chevieres, & qu'il possédoit la plus grande partie de ces basses Terres dont il avoit soutenu peu avant l'exemption pour les lods & ventes sur le fondement des Titres comme énonçans le Cens non productif de lods & ventes; c'est par les Titres qu'on a jugé qu'il n'en étoit point dû.

Ces Titres qui contiennent convention pour l'exclusion des lods & ventes, peuvent servir d'explication pour les Arrests qui ont rejetté les demandes de quelques Seigneurs afin de payement des lods & ventes, parce qu'outre les Francs-Aleux justifiés par Titres, quelques Seigneurs ont pû abandonner des héritages à la charge des Cens, & les exempter de lods & ventes pour encourager les Habitans à la culture des Terres; c'est une convention; il est juste qu'étant prouvée, elle ait son exécution.

Le quatriéme Arrest est du 15 Mai 1619; en voici l'espéce qui prouve qu'il n'a point jugé la question d'allodialité; les Seigneurs de Pierre-Pont avoient demandé à Thiébault Colsonnet un de leurs Habitans le payement des lods & ventes pour les héritages qu'il avoit acquis dans leur Seigneurie; la Sentence du Bailly de Vitry avoit ordonné que les Parties vérifieroient leurs faits, & que Colsonnet prendroit communication de la production des Seigneurs; il étoit intervenu ensuite un Arrêt le 14 Août 1618, qui avoit ordonné des Enquêtes respectives sur les allégations des Parties, & qu'elles instruiroient plus amplement. Par l'Arrest définitif Colsonnet fût déchargé, parce que la preuve testimoniale concouroit avec les Titres pour justifier qu'il possédoit en Franc-Aleu.

On ne sçauroit penser qu'une décision fondée sur des faits particuliers & sur des Titres, puisse être regardée comme ayant jugé l'allodialité de la Coutume, puisqu'elle ne dépend ni des faits des Particuliers ni des Titres; on croit pouvoir dire au au contraire, que cet Arrest n'a jugé que l'exception que l'on ne conteste point.

Le cinquiéme Arrest est du 19 Janvier 1719; il a été rendu entre le sieur de la Riviere, Seigneur de Saint Morel, & Nicolas Varus, auquel on demandoit des lods & ventes pour certains héritages; la Sentence du Bailly de Rethel-Mazarin avoit appointé à informer s'ils étoient de Franc-Aleu; (preuve certaine que la Coutume de Vitry n'est point allodiale, puisque si elle réputoit tous les héritages francs, il n'y auroit pas eu lieu à informer; la décharge du Ténancier auroit été de droit, faute par le Seigneur de rapporter des Titres) il est vrai que la Sentence a été infirmée, & Varus déchargé de la demande; mais il y en a une bonne raison, c'est que l'Arrest a été rendu *par forclusion* contre le Seigneur, faute par lui d'avoir produit.

Le sixiéme Arrest du 22 Août 1620, a été rendu entre le sieur du Raulet, Seigneur de Juvigny, & le nommé Pierre Desmarches, auquel on avoit demandé des droits Seigneuriaux; le Ténancier convenoit en devoir pour une partie des héritages, & soutenoit qu'il avoit acquis le surplus franc & déchargé de ces droits, *même du Cens*; ainsi il argumentoit de ses Titres pour soutenir une portion de Franc-Aleu *& non de la Coutume*; aussi la Cour l'a condamné à payer les arrérages du Cens pour certains héritages suivant ses offres, & l'a déchargé du surplus; ce sont les Titres qu'il a rapportés qui ont operé sa décharge.

Le septiéme Arrest du 6 Avril 1621, a confirmé une Sentence du Bailliage de Vitry, rendue en faveur de Claude Michelet, acquereur de plusieurs héritages dans la Terre de Bignicourt,* auquel on demandoit des lods & ventes. Quoiqu'on n'apperçoive aucune trace des motifs de cet Arrest ni des moyens de Michelet, il ne faut pas douter qu'il avoit des Titres d'exemption; ensorte que ce n'est toujours que l'exception qui confirme la régle générale établie par la Coutume & par quantité d'Arrests solemnels, anciens & récens dont les espéces sont connues, & par lesquels la question a été jugée *in terminis* contre le tiers-Etat.

Nota. C'est une des terres énoncées dans l'article tiré du Registre des Vassaux de Champagne de l'an 1156: elle étoit dans la censive du Châtelain de Vitry.

Voyez la fin du chapitre premier de la premiere Partie.

Le huitiéme Arrest du 11 Août 1628, a enterriné la Requête civile prise par les Habitans d'Ay contre l'Arrest que M. Amelot, Engagiste du Roi, avoit obtenu le 6 Mars 1626, & par lequel tous les Habitans avoient été condamnés au payement des Cens & lods & ventes; mais il s'en faut de beaucoup que cet Arrêt tende à prouver l'allodialité de la Coutume. Et en effet, les Habitans prouvoient par les comptes du Domaine du Roi, qu'il n'avoit possedé dans tout le Territoire d'Ay que pour 21 liv. 10 sols de menus Cens, perceptibles sur trente arpens, que toutes les déclarations ne contenoient pas plus grande somme de deniers, que par l'adjudication & l'engagement on n'avoit cédé que ce droit à M. Amelot, tel que le Roi en avoit joui; on ajoutoit que l'exécution de l'Arrêt pour les arrérages emporteroit la ruine totale de la Communauté, chargée d'ailleurs de fortes tailles, d'aydes & autres droits envers le Roi, qui ne profiteroit point de l'objet de ces arrérages, ni des droits; & qu'enfin ce Domaine avoit été engagé à M. Amelot pour un prix très-modique; ces raisons étoient assurément trop fortes & trop pressantes pour que M. Amelot n'en fût pas touché, & il y a toute apparence qu'il se prêta à laisser rendre l'Arrêt d'enterrinement de la Requête civile.

Que l'Arrest de 1628. ait été rendu de concert ou non; cela est indifférent dès que les circonstances en sont connuës; celui de 1626. avoit jugé la question *in terminis*, mais il n'avoit pas ôté aux Habitans le moyen de justifier leur exemption, en supposant qu'ils en eussent; au contraire il leur avoit réservé la liberté d'en rapporter les preuves; ils l'ont fait; la conséquence est toute naturelle, c'est que le second Arrêt a jugé par le même principe, & a adopté une exception justifiée.

Le neuviéme Arrest du 28 Avril 1646. a condamné Jean Caussette & André Maussinet à payer les arrérages d'une rente de 20 boisseaux de froment & autant d'avoine au Seigneur de Préfontaine, & du Jardin, & il les a renvoyé de la demande afin de payement des lods & ventes : on ne voit pas quels ont été les moyens de ces Particuliers; mais il y a apparence qu'une aussi forte redevance portée par une convention n'a point été regardée comme le premier cens emportant lods &

ventes, peut-être le Seigneur de Préfontaine n'avoit-il pas formé sa demande pour le cens coutumier, ou chef-cens, parce qu'il ne lui étoit pas dû, il ne pouvoit pas faire produire des lods & ventes à une rente de bail d'héritages.

Le dixiéme Arrest du 11 Juillet 1654 rendu entre les Jésuites de Châlons, les Seigneurs de Sainte-Liviere, & les Habitans de ce lieu, a simplement ordonné une preuve de faits respectifs : Comment peut-on donner cet Arrêt pour preuve d'allodialité de la Coutume ? Si elle eût été jugée allodiale, la preuve des faits n'eût point été ordonnée, & faute par les Seigneurs de rapporter des titres ils auroient été déboutés : ainsi cet Arrest a au contraire jugé la non-allodialité ; & en admettant les faits, il n'a adopté que l'exception qui auroit pû être acquise aux Habitans par le fait des auteurs du Seigneur.

L'onziéme Arrest du 30 Juillet 1667. a déchargé Marie Merau, & Durand son mari demeurans à Bouilly, du payement des lods & ventes prétendus par le sieur l'Espagnol Substitut de M. le Procureur Général au Bailliage de Reims. Cet Arrest ne prouve rien ; il n'est point dit dans le vû des piéces que le sieur l'Espagnol fût Seigneur, il n'en avoit point pris la qualité. Les Habitans & Communauté de Bouilly étoient Parties, & il n'y a que Marie Merau qui ait été déchargée de la demande afin de payement des lods & ventes ; on peut même dire que le sieur l'Espagnol n'étoit pas Seigneur de Bouilly, puisqu'il y avoit eu une Requeste donnée par Marie Merau, tendante à ce que défenses lui fussent faites d'exiger aucuns lods & ventes sur ses héritages, *à peine de concussion* : en quelle qualité avoit-il exigé ces droits, étoit-ce comme Officier, ou comme préposé qui eût pû encourir la peine de concussion ?

Rien de plus obscur & de plus ténébreux que cette espece ; mais s'il étoit prouvé que le sieur l'Espagnol fût Seigneur de Bouilly, l'Arrêt ne prouveroit point l'allodialité de la Coutume ; il en résulteroit seulement que Marie Merau auroit justifié son exemption ; c'est elle seule que l'Arrest a déchargé, en mettant hors de Cours sur l'intervention des Habitans qui n'ont rien obtenu.

Le douziéme Arrest du 4 Février 1673, est absolument étranger à la question ; il a débouté M. le Procureur Général du

Parlement de Metz de ſa demande contre les tenanciers des héritages ſitués au Territoire de Faſnieres ; cette demande tendoit, à ce qu'attendu le refus fait par les tenanciers de ſatisfaire aux Lettres de papier terrier, il fut ordonné que les héritages ſitués dans ce Territoire ſeroient réünis au Domaine de la Terre, & cependant permis de ſaiſir les empoüilles & emblaves ; ainſi il étoit queſtion de réunion ; il n'eſt pas ſurprenant qu'une pareille demande n'ait pas réüſſi ; M. le Procureur Général étoit intervenu, parce que c'étoit une terre engagée ; M. le Procureur Général du Parlement de Metz ne prenoit point la qualité de Seigneur de Faſnieres ; le ſieur Moët ſieur de Faſnieres en partie conteſtoit ; il y a toute apparence que les terriers n'étoient pas en regle, & que le Demandeur n'avoit pû juſtifier ſa qualité ; mais quand on iroit juſqu'à ſuppoſer que le fondement de l'Arreſt ait été la franchiſe des héritages, ce ne ſeroit encore qu'une ſimple exception qui avoit ſans doute été juſtifiée par les Habitans.

Le treiziéme Arreſt du 20 Mars 1673, a ordonné que le Seigneur de Treſſon cotteroit pardevant le Lieutenant Général de Vitry les héritages qu'il prétendoit tenir en cenſive, la quantité & qualité des droits, & qu'il juſtifieroit de ſes Titres.

Cet Arreſt n'a point décidé l'allodialité, il eſt interlocutoire, & dans une eſpece où *le Seigneur ne ſe bornoit point au cens coutumier*, puiſque l'Arreſt porte qu'il cotteroit *la qualité & quotité des droits* ; c'eſt pour l'examen de ces droits différens qu'il a été dit qu'il ſeroit tenu de juſtifier de ſes titres ; s'il ſe fût reſtraint au cens coutumier, il n'y auroit pas été obligé.

Les quatorziéme & quinziéme Arreſts des 22 Mai 1676, & 17 Mai 1679, ont été rendus dans une eſpece ſinguliére ; le premier a maintenu le ſieur Dommengin dans la poſſeſſion de la Seigneurie de Trecon, & a ordonné qu'il cotteroit devant le Lieutenant Général de Vitry, les héritages ſur leſquels il prétendoit différentes cenſives & autres droits ſeigneuriaux dans l'étenduë du Territoire de Trecon, & qu'il rapporteroit les titres qu'il pouvoit avoir ; le ſecond a maintenu le ſieur Dommengin en droits de cens & certaines redevances ſur pluſieurs héritages, & ſur le ſurplus a ordonné une plus ample contestation & un rapport d'autres titres.

Or, suivant ce qu'indiquent ces Arrests, on voit que d'un côté le Seigneur prétendoit des droits de différentes especes, dont la quotité devoit nécessairement être réglée par titres, & de l'autre que les Habitans prétendoient eux-mêmes avoir la propriété de la Justice, puisque par une Requeste du 15 Janvier 1675, ils avoient demandé d'être maintenus dans le droit d'élire entr'eux un Maire, & autres Officiers pour l'exercice de la Justice de Trecon, avec droit d'exemption & franchise : ainsi comme ces Habitans se prétendoient Seigneurs Hauts-Justiciers, ils venoient en concurrence avec celui qui réclamoit le même droit, ce n'étoit que par un examen des titres respectifs qu'on pouvoit décider la question.

Le seiziéme Arrest du 8 Août 1680, rendu contre M. le Duc de Bouillon, l'a debouté de sa demande contre quelques détemteurs du territoire d'Ay. Il est la suite de celui du 11 Août 1628, rendu contre M. Amelot, par lequel il avoit été jugé, *suivant les titres*, qu'il n'y avoit que trente arpens de ce territoire qui n'eussent pas été affranchis. Cela est étranger au caractére de la Coutume.

Le dix-septiéme Arrest du premier Avril 1683, a infirmé une Sentence qui avoit condamné les Habitans de Cornay & de Fleville à reconnoître différens Droits Seigneuriaux avec le Cens portant lods & ventes; il a débouté le sieur de Pouilly Seigneur de ces deux Paroisses, de sa demande indéfinie pour les lods & ventes. La raison de cette différence ne procéde que de ce que les Habitans ont justifié que le sieur de Pouilly avoit diverses especes de Cens, & qu'il y avoit certaines terres qui ne devoient point de lods & ventes, soit par convention, soit par la nature du Cens qui étoit dû au sieur de Pouilly sur ces terres; cela est encore indifférent pour la question.

Le dix-huitiéme Arrest du 14. Decembre 1683 a confirmé une Sentence qui avoit condamné la veuve d'un Admodiateur des revenus de Saint Pierre au Mont de Châlons, à rapporter les titres constitutifs & les déclarations du Cens. On remarque sur cet Arrest 1°. que le bail de cette veuve étoit fini; 2°. qu'elle ne plaidoit que contre un Habitant de Sogny, qui prétendoit que le bail ne lui donnoit aucun droit de demander le Cens; & 3°. qu'il ne paroît point par l'Arrest que l'Eglise de Saint Pierre eût la Seigneurie de Sogny.

Que faudroit-il de plus pour écarter les inductions du Tiers-Etat?

Le dix-neuviéme Arrest du 14 Aoust 1688 a été rendu dans une espece où le Seigneur n'avoit agi qu'en vertu de ses titres particuliers; en voici les circonstances. Le sieur Godet Seigneur de Saint Hilaire avoit obtenu le 19 Juillet 1685 un Arrest en la Cinquiéme Chambre des Enquestes, par lequel il avoit fait condamner plusieurs particuliers à lui payer des droits Seigneuriaux, *sur le fondement de differens titres de 1526, 1550 & 1503*. Deux ou trois années après il s'avisa de faire assigner d'autres particuliers en la même Chambre de la Cour, pour voir déclarer commun avec eux l'Arrest de 1683. Ces nouveaux particuliers soutinrent que leurs heritages n'étoient point compris dans les titres, & étoient détachés de la Seigneurie; sur quoi intervint l'Arrest du 14 Août 1688, qui ordonna un Interlocutoire pour constater la position & la consistance des héritages qui composoient l'ancien Domaine de la Seigneurie, & quelle portion en étoit détachée, & qu'au surplus le sieur Godet representeroit ses titres.

Deux raisons écartent l'argument que le Tiers-Etat voudroit tirer de cet Arrêt. La premiere est que le Seigneur n'avoit point agi en vertu de la Coutume, mais en vertu de ses titres. La seconde est qu'il avoit vraisemblablement voulu donner une extension à ses titres, & les appliquer à des terres qui n'étoient ni comprises dans ses titres, ni dans son enclave. L'Interlocutoire étoit juste; on ne seroit pas même étonné que le Seigneur se fût désisté de sa demande depuis cet Interlocutoire.

Le vingtiéme Arrest du huit Juillet 1698, loin d'avoir décidé la question, a appointé les Parties. M. d'Aguesseau lors Avocat Général, qui portoit la parole, observa que la question étoit difficile, il ne voulut point ouvrir son avis; il remarqua cependant qu'il y avoit deux Coûtumes où le Franc-Aleu paroissoit être établi, Troyes & Chaumont, *mais qu'il n'en étoit pas de même de la Coutume de Vitry*. La Cour appointa & ordonna qu'on rapporteroit les Sentences & Jugemens rendus au Bailliage de Vitry avec un Acte de notorieté. Il paroît que la contestation n'a point été poursuivie par le nommé Lhuissier, qui étoit le Tenancier, & qu'il a mieux aimé s'arranger avec le Seigneur de Ponthion sa Partie.

Le vingt-uniéme Arrest du cinq Juillet 1708 a condamné les Habitans de Termes à payer aux Seigneur les grosses & menues Dixmes sur tous les héritages du territoire, sauf les droits des particuliers pour leurs exemptions, & il a débouté les Seigneurs des Cens portant lods & ventes, & des droits de Tirage, Corvées, Pressoirs, Moulins & Fours bannaux.

On apperçoit tout à coup que la nature de ces différens Droits, la plûpart insolites, avoit obligé les Seigneurs à produire leurs titres; or par l'examen il s'est trouvé des Actes qui portoient exclusion des lods & ventes, comme cela s'est trouvé dans le Procès des Seigneurs de Chevieres. Il a été de la sagesse & de l'équité de la Cour de restraindre les prétentions de ces Seigneurs dans les bornes de leurs propres titres.

Le vingt-deuxiéme Arrêt du 3 Août 1713 a ordonné que le Sr de Fustemberg communiqueroit les titres des différens Droits Seigneuriaux qu'il avoit demandés aux nommés Jean & Bertrand Nicart; sans doute que ces Droits n'étoient point ceux établis par la Coutume, mais des Droits singuliers qui ne pouvoient être dûs qu'en vertu de titres; il falloit donc que le Seigneur les communiquât.

Le vingt-troisiéme Arrest du premier Août 1716 rendu contre le Seigneur de Balham en faveur des Habitans du même lieu, justifie de même que le Seigneur prétendoit des Surcens considérables & des Droits d'assises, & autres qui ne pouvoient être fondés que sur des titres. Une premiere Sentence du Bailliage de Sainte Manehoul avoit ordonné que le Seigneur rapporteroit ses titres, & il avoit procédé en éxécution devant les mêmes Juges, sans rapporter des titres suffisans. La Sentence définitive l'avoit débouté faute d'avoir rapporté ses titres. Il en a interjetté appel; mais il étoit sans moyens en la forme & au fond; il ne pouvoit réussir, soit à cause de la qualité des Droits qu'il prétendoit, soit à cause de la mauvaise procédure qu'il avoit tenue, & par laquelle il s'étoit engagé.

Le vingt-quatriéme Arrêt du 22 Décembre 1718 rendu entre les Religieux de saint-Vanne de Verdun Seigneurs de Chamy, & les habitans du même lieu n'a fait qu'ordonner un interlocutoire non pas pour le Cens, mais pour les lods & ventes; l'interlocutoire portoit qu'il seroit rapporté un acte de notorieté du Baillage de Vitry; il avoit été occasionné par les différentes interprétations des articles 18 & 117. Depuis quantité d'Arrêts ont jugé que les lods & ventes étoient dûs dans toute l'étendue de la Coutume, à moins qu'il n'y eût convention au contraire avec le Seigneur, comme cela s'est trouvé dans quelques especes.

Le 25e Arrêt du 23 Juin 1723, rendu sur les conclusions de M. d'Aguesseau lors Avocat Général entre le Seigneur de Bignicourt sur Saulx & les habitans du même lieu, a eu pour fondement les titres que ce Seigneur avoit rapportés; c'étoient des transactions au sujet de différens droits. La Cour ordonna que par provision ces transactions seroient exécutées par ceux qui les avoient signées & leurs représentans, & qu'à l'égard des autres habitans, les Parties contesteroient sur le fond. S'il résulte quelque chose de la seconde disposition de l'Arrêt c'est sans difficulté que le défaut de titres de la part du Seigneur n'a point paru un moyen suffisant pour le débouter de sa demande; mais que ce pouvoit en être un pour le réduire au Cens Coutumier. Cela n'est pas pour le Tiers-Etat.

Le 26e Arrêt du 20 Juillet 1723 rendu entre le Seigneur de Gratereuil &les habitans du même lieu n'a encore eu pour fondement qu'un titre de 1582 en vertu duquel le Seigneur avoit agi; c'étoit un bail à cens avec expression des lods & ventes qui étoit souscrit par plusieurs particuliers; le Seigneur, au lieu de demander le Cens Coutumier, avoit voulu exécuter ce titre contre d'autres qui ne l'avoient point souscrit; la Cour a réprouvé avec justice cette extension.

Le vingt-septiéme Arrêt du 19 Août 1727, rendu entre le sieur de Riancourt Seigneur d'Oches en faveur du nommé Euves & sa femme, renferme la preuve que ces particuliers possédoient un Franc-Aleu; en effet le Seigneur d'Oches avoit obtenu une Sentence du Bailly de Sainte-Manehould, par laquelle Euves & sa femme avoient été condamnés d'exhiber les titres en vertu desquels ils possédoient dans le territoire d'Oches, pour après l'exhibition payer les lods & ventes,

ou

ou souffrir le retrait Censuel, au choix du Seigneur; suivant cette Sentence il est évident que le systême d'allodialité de la Coutume n'étoit pas adopté par les Juges de Sainte Manehould : il y a eû Appel de la Sentence, les Tenanciers ont produit leurs titres en la Cour pour justifier quils possédoientt du Franc-Aleu, mais dans la crainte que les titres ne fussent pas jugés suffisans, ils ont donné une Requête le 11 Août 1727, par laquelle ils ont conclu subsidiairement à ce qu'il leur fût donné acte de leurs offres de prouver par acte de notoriété que la Coutume de Vitry étoit de Franc-Aleu; la Cour en jugeant s'est tellement déterminée sur les titres de ces possesseurs qu'elle n'a point statué sur leur Requête du 11 Août 1727; ce sont donc les titres qui ont operé la décharge; les Seigneurs n'entendent point la contester à ceux qui auront des titres justificatifs du Franc-Aleu.

Enfin le Tiers-Etat cite deux Arrests des 7 May 1728. & 8 Janvier 1733. Le premier a été rendu entre le sieur de Monfort Seigneur de Sainte-Eufraise & le sieur Duval; il a simplement confirmé une Sentence d'instruction qui tendoit à l'éclaircissement des droits qui pouvoient être dûs au Seigneur; le second a été rendu sur l'Appel d'une Sentence définitive qui adjugeoit au sieur de Montfort le Cens Seigneurial sur le territoire de sainte-Eufraise, dans lequel les sieurs Perignon & Thierion possédoient plusieurs héritages; la Sentence avoit été fondée sur d'anciens dénombremens & sur un Decret de 1670. par lequel la Terre avoit été adjugée avec les droits de Cens; mais comme le premier dénombrement du sieur de Montfort de l'année 1525. n'énonçoit qu'un Cens particulier dû sur quelques héritages, & consistant en 8 liv. seulement, la Cour a déclaré les héritages des Srs Perignon & Thierion, francs & exempts de droits seigneuriaux envers le sieur de Montfort, sans préjudice de ses droits contre les autres détempteurs & Habitans de Saint Eufraise.

La plus légere attention fait connoître que cet Arrêt n'a point du tout jugé la question d'allodialité; mais que ce sont les propres titres du Sieur Demonfort qui ont déterminé en faveur des Sieurs Perignon & Thierion. Il y avoit d'ailleurs un grand moyen coutre le sieur Demonfort; les Ténanciers avoient fait observer que les Seigneurs de Saint Eufraise avoient rétiré par retrait censuel la plûpart des héritages de leur Seigneurie, & les avoient réunis à leur Domaine. Qu'ensuite ils avoient vendus les héritages, à la charge d'une rente fonciere qui ne pouvoit former qu'un sur-cens, attendu que l'imposition du Cens n'a lieu qu'*in recognitionem Domini*, & pour une concession d'ailleurs gratuite, au lieu que quand il y a revente à prix d'argent par le Seigneur avec l'imposition d'une charge annuelle & fonciere, cette redevance ne peut emporter les lods & ventes qui ne sont engendrés que par le premier Cens stipulé *in traditione fundi* : ces circonstances ne permettoient pas au Sr. Demonfort d'exiger le Cens avec la prérogative des lods & ventes ; ses Auteurs y avoient dérogé en revendant les Terres qui avoient été originairement concédées par les Seigneurs ; on ne peut donc argumenter de cet Arrêt pour prouver l'allodialité de la Coutume de Vitry.

Tels sont les Arrests dont les Gens du Tiers-Etat ont prétendu tirer avantage ; il est évident qu'il n'y en a pas un seul qui ait jugé la question. Dans les especes des uns, les demandes avoient été formées sur le fondement de titres, les Seigneurs ne pouvoient pas leur donner une extension contraire à la lettre des conventions & transactions, ni les appliquer à ceux qui ne les avoient pas souscrits. Dans les especes de quelques autres les Seigneurs ont voulu assujettir des portions d'héritages qui avoient été affranchies par leurs auteurs ; la justification que les possesseurs ont faite de leur ancienne franchise, a déterminé en leur faveur ; voilà tout ce qui résulte des Arrests opposés par le Tiers-Etat.

Mais ceux que les Seigneurs rapportent sont bien différens ; ils ont jugé la question de non-allodialité purement & simplement, c'est-à-dire, dégagée de toutes circonstances, c'est-à-dire, sans que les Seigneurs eussent aucun titre, & sans qu'il s'agît d'autre chose que de sçavoir si le cens étoit dû par la Coutume. Comment seroit-il possible d'en douter, lorsqu'on voit qu'ils portent avec eux la preuve évidente du défaut ababsolu de titres de la part des Seigneurs qui les ont obtenus ?

Celui du 20 Juin 1609 rendu contre les Habitans de Juvigny & de la Veufve en la Cinquiéme Chambre des Enquestes, qui en confirmant une Sentence du Châtelet de Paris, a condamné ces Habitans à payer le cens *à raison des terres voisines, & conformément à la Coutume des lieux*, est-il équivoque?

Celui du 28 Août 1632 rendu *en la Grand'Chambre* contre les mêmes Habitans, sur la demande formée par le Seigneur, afin de payement du cens, eu égard *aux prochaines terres circonvoisines & suivant la Coutume*, & qui a statué dans les mêmes termes, donne-t'il lieu à quelque doute?

Celui du 18 Juillet 1738, rendu contre les Habitans de Tagnon en la Troisiéme Chambre des Enquestes, sur l'appel interjetté par M. Paris, d'une Sentence interlocutoire des Requestes du Palais (qui avoit ordonné avant faire droit sur la demande du cens universel suivant la Coutume de Vitry, que les Parties feroient diligence pour faire juger les contestations portées au Procès verbal de la Coutume sur l'article 16.) & par lequel la Sentence fut confirmée, & les détempteurs condamnés à payer le cens seigneurial emportant lods & ventes, cet Arrest laisse-t'il quelqu'incertitude?

Les deux Arrests des 10 Juin 1741, & 27 Avril 1742, rendus en la Grand'Chambre, l'un au profit du Seigneur de Villeneuve, & l'autre au profit des Marquis & Comte de Joyeuse, dans les especes desquels les Habitans & détempteurs avoient articulé, *qu'il n'avoit jamais été perçû aucun cens seigneurial & universel*, (fait qui étoit reconnu par les Seigneurs;) ces Arrests permettent-ils d'hésiter?

Enfin celui du 4 Aoust 1742, rendu en la Troisiéme Chambre des Enquestes au profit de M. Megret de Serilly Maître des Requestes, qui a infirmé une Sentence des Requestes du Palais, en ce que le terrage à lui adjugé n'avoit point été déclaré seigneurial, & en ce qu'il avoit été interloqué sur les Chefs de demandes afin de payement du droit de censives contre les Habitans de Vassimont, Haussimont & Montpreux, émandant a déclaré le terrage seigneurial, & emportant lods & ventes de 20 deniers, suivant l'article 117. de la Coutume de Vitry, saisine, retrait censuel & amende, & a condamné les Censitaires à payer un autre cens seigneurial de deux deniers sur toutes les maisons, jardins, prés, & terres, cet Arrest n'acheve-t'il pas de démontrer que c'est le seul caractére de la Coutume qui a décidé?

Il en est de même des autres que les Seigneurs ont cités ; ils ont tous jugé la question *in terminis*. Il y a donc une grande différence entre ces Arrêts & ceux que le Tiers-Etat a opposés ; les derniers ont jugé quelques especes particulieres, suivant qu'elles avoient été instruites ; les Seigneurs avoient préféré leurs titres à la Loi municipale. Pensera-t'on que ces Seigneurs ayent pû par leur conduite préjudicier à deux mille autres qui ont toujours été fermement attachés à la Coutume, & qui n'ont pas cessé de la réclamer dans toutes les occasions où il a été nécessaire de le faire ? Dira-t'on que si 20 ou 25 Seigneurs ont ignoré leur droit, s'ils l'ont négligé, s'ils ont crû leurs titres suffisans, si même ils ont été mal conseillés & mal conduits, ce soit une raison pour détruire le caractére de censualité de la Coutume au préjudice de tous les autres dont le nombre est cent fois plus considérable ? Enfin croira-t'on que parce qu'il s'est trouvé des portions de Franc-Aleu dans quelques terres, & que parce que quelques détémteurs y ont été maintenus, il s'ensuive que les héritages de 1500 à 2000 Seigneuries doivent aussi être déclarés affranchis ?

Voilà néanmoins jusques où il faudroit aller pour se prêter à l'induction que le Tiers-Etat tire des Arrests particuliers qui forment son dernier moyen ; mais la raison ne permet pas d'adopter de pareilles idées, & l'équité les condamne : ainsi il reste pour certain que le Tiers-Etat n'a aucun Arrest en sa faveur, & que la Jurisprudence de la Cour est absolument contraire à sa prétention.

Observations particuliéres.

A cette discussion des moyens proposés par les Gens du Tiers-Etat, on peut ajouter qu'ils en ont senti eux-mêmes tout le foible par la conduite qu'une partie d'entr'eux a tenue depuis les Lettres Patentes de 1743, & pendant le Procès verbal de 1744.

Que n'ont-ils pas fait pour tâcher de faire paroître que le plus grand nombre des voix étoit de leur côté, comme si le le sort d'une question réduite aux moyens de droit par le Procès verbal de 1509 eût dépendu de suffrages concertés entre quelques-unes des Parties intéressées ?

Quels efforts n'ont-ils pas réünis pour gagner quelques Seigneurs, & leur faire dire que la censive étoit établie par leurs titres, comme ſi cette déclaration équivoque eût été capable de détruire le véritable caractére de la Coutume, & de préjudicier aux autres Seigneurs ?

Combien de piéges les Praticiens n'ont-ils pas tendus aux Seigneurs, ſoit pour faire paſſer à quelques-uns des Procurations en termes captieux, ſoit pour leur faire tenir un langage à double ſens, ſoit pour leur faire dire ce qu'ils n'avoient jamais penſé ?

N'eſt-il pas notoire que quelques-uns de ces Praticiens ont abuſé de la confiance de pluſieurs Seigneurs, en diſſimulant qu'ils euſſent reçû les Procurations qui leur avoient été adreſſées ? Il ne faut pas s'étonner de ce qu'un grand nombre de Seigneurs n'a point été entendu.

Il y a bien d'autres faits qui concourent à faire ſentir le danger qu'il y auroit de s'en rapporter aux avis ou déclarations des Gens du Tiers-Etat, & même à celles de quelques Seigneurs ; mais ces faits ſont connus à Meſſieurs les Commiſſaires ; leur intégrité & leur droiture ne permettent pas de douter qu'ils en rendront un compte éxact à la Cour.

Tout ce que l'on croit devoir obſerver ici, eſt que le Procès verbal renferme une infinité de déclarations qui ſont évidemment contraires à la vérité, ou inutiles.

Il faut placer au rang des déclarations contraires à la vérité, 1°. Celles des Sindycs de Vitry, Epernay, Châtillon-ſur-Marne, Dormans, Fîmes, Sainte-Manehould, Rethel, Saint Dizier & autres, qui ont dit que la Coutume étoit allodiale, parce qu'il eſt prouvé par les anciennes chartes que ces Lieux n'ont jamais été affranchis de Cenſives, & que les Actes d'affranchiſſement de la main-morte perſonnelle ont réſervé expreſſément le Cens, & les droits réels.

2°. Celles de tous les Sindycs particuliers, qui n'ont parlé que ſelon le vœu & les deſirs des habitans, contre l'uſage & même contre la choſe jugée ; il ſuffira d'en donner deux exemples.

Le Sindyc d'Ecriennes a déclaré que les habitans de ce Lieu ne devoient ni Cens, ni lods & ventes : le Seigneur s'eſt trouvé préſent, & a ſoutenu qu'il percevoit des Cens ſur tout ſon territoire, exceptés néanmoins cent arpens ; mais que ce Cens ne produiſoit point de lods & ventes (comme en pluſieurs

Villages, en conséquence des conventions faites avec les Seigneurs.) Le Sindyc est convenu de ces faits, & a dit *qu'il avoit été obligé de suivre le pouvoir qui lui avoit été donné par la Communauté.*

Une infinité d'autres Sindycs a été dans le même cas.

Le Sindyc de Tagnon a déclaré aussi que les habitans ne devoient ni Cens, ni lods & ventes; le Seigneur de Tagnon a soutenu le contraire, il l'a prouvé par l'Arrêt du 18 Juillet 1738, par lequel les habitans & Communauté avoient été condamnés à payer le Cens sur l'universalité du territoire.

Presque tous les autres Sindycs particuliers ont suivi cet exemple, dans l'esperance que leurs déclarations, quoiqu'évidemment fausses, pourroient leur faire un titre; mais ils seront désabusés, s'ils veulent consulter leurs qualités de Parties intéressées.

3°. La déclaration que le Comte de Vertus a faite par son Procureur Fiscal & son Bailly n'est pas plus véritable: elle porte qu'il reconoît la Coutume pour allodiale, & que les Vassaux qui relevent de son Comté n'ont aucun droit de Censive, ni de lods & ventes.

Tous les Seigneurs se sont récriés contre cette déclaration notoirement fausse, elle n'étoit point le fait du Comte de Vertus; mais celui de son Procureur Fiscal & de son Bailly, qui possédans quantité de biens de rotures, tâchoient d'en acquerir la franchise par un mensonge; il est d'autant plus grossier & plus choquant que les Seigneurs qui relevent du Comté de Vertus, & qui sont au nombre de soixante au moins, sont en état de prouver par leurs aveux & dénombremens *qu'ils ont reporté au Comte de Vertus leurs droits de Censives, & de lods & ventes.*

Il faut mettre au rang des déclarations inutiles,

Prémierement, celles des Seigneurs qui ont déclaré qu'ils s'en rapportoient à leurs titres, parce qu'il est certain que le caractére de la Coutume leur est indifférent.

Secondement, celles des Seigneurs ou possédans Fiefs qui ont déclaré qu'ils ne percevoient point de Cens, parce que ce sont des petits Fiefs de 30 ou 40 arpens de Terres qu'ils exploitent & font valoir par leurs mains: ils ne se payent pas de Cens à eux-mêmes ; telle eſt par exemple la Dame de Feuquieres qui poſſede le Fief de Haye-Courton dans le Baillage de Châtillon : elle a déclaré ne jouir d'aucun Cens ; le fait eſt vrai ; mais il eſt vrai auſſi qu'elle fait valoir tous les biens qui dépendent de ce Fief.

Troiſiémement, celles des Seigneurs auſquels les Praticiens ont fait dire qu'ils ne jouiſſoient de Cenſives que ſur certains héritages de leurs territoires. D'un côté, parce que ces Seigneurs font valoir par leurs mains quantité de terres ; de l'autre, parce qu'une partie du territoire eſt ſans culture, & ſans ténanciers ; il ne reſte que quelques héritages chargés de Cenſive : leurs déclarations ſont donc indifférentes à la queſtion.

Ce qui démontre invinciblement la fauſſeté des déclarations faites par les Syndics des Bailliages & des autres qui ont ſoutenu la Coutume allodiale, eſt le Procès-verbal fait le 13 Avril 1744, en l'Auditoire du Bailliage & Siége Préſidial de Château-Thierry, auquel non-ſeulement tous les Officiers de cette Ville, mais encore tous les Baillis & Chefs des Juſtices Seigneuriales du reſſort de Château-Thierry ont parlé ; on voit que preſque tous ſe ſont réünis à dire que la Coutume n'étoit point allodiale. (L'acte eſt à la fin de cette Diſſertation.)

Cela poſé, on demande comment il ſeroit poſſible de méconnoître la partialité & l'infidélité de ceux qui ont dit que la Coutume étoit allodiale ? Tous les Officiers du Bailliage de Château-Thierry qui eſt très-étendu, tous ceux des Prévôtés Royales & tous ceux des Juſtices qui y reſſortiſſent, avoient ſans contredit le même interêt que ceux des autres Bailliages ; mais leur probité & leur bonne foi ne leur ont pas permis de déguiſer une vérité notoire, & dont ils étoient pénétrés ; ils l'ont confeſſée hautement, ils l'ont conſignée dans un monument public, [comme avoient fait en 1732 les Officiers du Bailliage de Rumigny, ſuivant l'acte rapporté dans le ſeptiéme Chapitre de la premiere Partie.] Concevra-t-on après de pareilles preuves, que les Officiers des autres Bailliages & les Syndics des autres lieux régis par la Coutume, n'en ayent pas impoſé quand ils ont dit que la Coutume étoit allodiale ? Et n'eſt-il pas évident qu'ils ſe ſont déterminés par leur intérêt personnel, en s'écartant du droit commun ?

Les Gens du tiers-Etat de Vitry, après avoir soutenu avec chaleur l'allodialité, ont été forcés d'avouer que toutes les maisons de la Ville devoient le Cens & les lods & ventes au Roi, & que si l'Hôtel-de-Ville de Vitry jouissoit de ces droits, c'étoit en vertu d'un don du Roy François I. *à la charge par l'Hôtel-de-Ville d'entretenir le pavé de la Ville.* C'étoit-là une preuve invincible de la censualité, puisque l'Hôtel-de-Ville ne faisoit qu'exercer les droits du Roi, comme les Seigneurs les exercent dans leurs Terres.

Pour tâcher d'affoiblir cette preuve, les Gens du Tiers-Etat ont prétendu qu'il y avoit des Eglises & Communautés qui jouissoient aussi de Cens portans lods & ventes *sans avoir ni Fiefs ni Seigneuries*, telles que l'Eglise de Nôtre-Dame & l'Hôtel-Dieu de Vitry ; c'est de ce fait qu'ils ont crû pouvoir tirer une conséquence pour la franchise.

Il n'y a personne qui ne sente l'absurdité du raisonnement & qui ne soit choqué de la conséquence. 1°. C'est un principe incontestable qu'il n'y a point de Censive sans Fiefs ; il faut un corps auquel la censive soit attachée, autrement la prétendue censive n'est qu'un sur-cens, ou simple rente incapable de produire des lods & ventes ; ensorte que les Eglises & Communautés de Vitry qui n'ont ni Fief, ni Seigneurie, n'ont point le cens Seigneurial, ni les lods & ventes ; & si ceux qui leur ont donné ces surcens, ont exprimé qu'ils produisoient des lods & ventes, c'est une usurpation incapable de préjudicier au droit du Roi, qui peut d'un moment à l'autre rentrer dans l'exercice de ce droit sur toutes les maisons de la Ville de Vitry. 2°. Quand même il y auroit différentes censives dans Vitry, ce ne seroit point là une preuve d'allodialité, il s'ensuivroit seulement qu'il y auroit differens Seigneurs, ou plusieurs Fiefs ; ainsi la preuve de la censualité demeure dans toute sa force.

Enfin le Substitut de M. le Procureur Général au Bailliage de Vitry a protesté qu'au cas que la Coutume fût déclarée allodiale, cela ne pourroit nuire ni préjudicier aux droits du Roi. Cette protestation mérite attention ; le Roi a des droits & singuliérement la censive universelle dans la Ville de Vitry ; il n'y a donc point de franchise dans le Chef-lieu de la Coutume.

Or

Or le droit des Seigneurs dans les autres lieux régis par cette Coutume est une émanation de celui du Roi, ou plûtot c'est le même droit que celui du Roi ; ainsi s'il est vrai que la Coutume ne puisse être réputée allodiale à l'égard du Roi, elle ne peut l'être à l'égard des Seigneurs, parce que la raison de décider est la même, & qu'un Pays de franchise universelle ou de Franc-Aleu, ne doit ni cens, ni rentes, ni lods & ventes, ni vêture, soit au Roi, soit aux Seigneurs Particuliers.

Il est vrai qu'il y a quelques modiques portions de Franc-Aleu dans l'étendue de la Coutume ; mais les Possesseurs n'en jouissent qu'en vertu des affranchissemens qui ont été accordés à eux ou à leur auteurs. Ces affranchissemens particuliers ne peuvent profiter qu'à ceux qui les ont obtenus, & la preuve qu'il n'y en a jamais eu de généraux, se tire de la censive universelle que le Roi a dans la Ville de Vitry & de celle que les Seigneurs ont dans toutes les Villes, les lieux principaux & les Villages régis par la Coutume.

Il résulte de ces derniéres observations. 1°. Que toutes les déclarations qui ont eu pour objet d'attester l'allodialité de de la Coutume de Vitry, sont absolument contraires à la vérité. 2°. Que le tiers-Etat a abusé de la confiance de plusieurs Seigneurs. 3°. Qu'un grand nombre de Seigneurs véritablement intéressés n'a point été entendu. 4°. Qu'il y a contradiction *entre les Gens du Tiers-Etat* sur la question. Et 5°. Que ceux qui ont soutenu l'allodialité, l'ont fait non-seulement contre les véritables & anciens usages, mais encore contre leurs connoissances propres & personnelles, puisque la censive générale ne pouvoit pas être ignorée par ceux-mêmes qui la payent.

N'est-il pas juste d'en conclure qu'il est impossible de déférer aux déclarations qui ont été faites dans le Procès-verbal de 1744, & que c'est par les anciennes Chartes, les anciennes Ordonnances, les maximes du Royaume, les principes & les moyens de droit que la question doit être décidée ?

Au reste, il ne faut pas s'imaginer qu'il s'agisse aujourd'hui de rédiger la Coutume de Vitry ; elle l'a été en 1509. S'il s'en agissoit, ce ne seroient pas ceux qui vivent actuellement dont les témoignages pourroient nier ou assurer avec certitude &

vérité ce qui a été conteſté en 1509 ; il ne s'agit que de conſtater le caractére d'une Coutume rédigée & d'en interpréter quatre ou cinq articles ; cette interprétation eſt réſervée aux lumiéres & au jugement de la Cour ; elle ne peut être faite ſelon les dires du Tiers-Etat, ni ſelon ceux des Seigneurs dans le dernier Procès-verbal, parce qu'indépendamment des lignes qui ont été faites par les Praticiens en 1744, & des contradictions qui ſe rencontrent de part & d'autre, il eſt évident que Meſſieurs les Commiſſaires ayant ordonné en 1509, *que les Parties écriroient & produiroient pour être pourvû par la Cour ſur le différend*, les Gens du Tiers-Etat ſont devenus dès-lors les adverſaires déclarés des Seigneurs, au moyen de quoi les ſuffrages & allégations doivent être regardés comme ſuſpects de part & d'autre.

D'ailleurs, ſi quelques Seigneurs ont préferé leurs titres à la loi municipale, & ſi quelques autres par l'effet de la ſurpriſe, ou faute de ſentir la conſéquence de ce qu'ils faiſoient, n'ont pas ſoutenu la Cenſualité, cela ne ſçauroit préjudicier au droit de deux mille autres, ni détruire le véritable caractere de la Coutume ; il n'appartient donc qu'à la force des preuves & à la ſolidité des moyens, de concourir à l'interprétation des articles conteſtés.

RE'CAPITULATION.

Les Seigneurs ont expoſé dans cet Ouvrage tout ce qui devoit déterminer à juger la Coutume Cenſuelle.

Dans la premiere Partie ils ont prouvé en premier lieu que le Cens étoit dû univerſellement dans les Gaules dès avant l'établiſſement de la Monarchie ; que ce droit attaché à la Souveraineté dans ſon origine, avoit paſſé de l'Empereur des Romains au Roi des Francs ; que les Seigneuries s'étant établies en France à la fin de la ſeconde race de nos Rois & au commencement de la troiſiéme, tant pour les fiefs que pour la Juſtice, les Seigneurs avoient joui du Cens dans leurs Territoires ; que les Seigneurs & ſinguliérement ceux de la Province de Champagne avoient été confirmés dans leurs droits &

possessions par plusieurs Souverains ; que les Seigneurs avoient ensuite accordé quelques affranchissemens, mais seulement de la main-morte personnelle, *en se réservant le Cens & autres droits sur les héritages, & même des services personnels*, notamment à Vitry & dans les autres lieux régis par la Coutume.

En second lieu, que le droit général & Coutumier de la France s'élevoit contre le systême de l'allodialité.

En troisiéme lieu, que les anciennes Coutumes de Champagne & les anciennes Ordonnances des Rois dissipoient toute idée de franchise universelle, & n'en admettoient d'autre que celle qui étoit justifiée par titre.

En quatriéme lieu, que les textes mêmes de la Coutume de Vitry *non contestés* ne respiroient que la main-morte & la Censualité, & les établissoient par des dispositions *générales & notoires*.

En cinquiéme lieu, que les Lettres du Terrier de Champagne de l'année 1603. renfermoient la preuve de la Censive universelle des Seigneurs, selon l'exposé des Officiers de cette Province, en conséquence duquel le Roi avoit décidé qu'il n'y avoit de Franc-Aleu que celui qui seroit justifié par titre.

En sixiéme lieu que les Auteurs les plus accrédités se réunissoient pour faire regarder la Coutume de Vitry comme Censuelle.

En septiéme lieu, & enfin qu'elle avoit été jugée telle par les Arrests.

Dans la seconde Partie, les Seigneurs ont démontré que le Tiers-Etat n'avoit d'autre moyen pour soutenir l'allodialité, que ses vaines clameurs ; que dans l'impossibilité de la prouver, les Praticiens avoient cherché à se procurer en 1744 le suffrage de quelques Seigneurs ; qu'ils avoient séduits les uns, surpris les autres, & abusé de la confiance de plusieurs ; & que malgré toutes leurs manœuvres, il y avoit contradiction dans les suffrages, même dans ceux du Tiers-Etat, dont une partie soutenoit la censualité de la Coutume.

Il faut ajouter à cela ce qui résulte des anciennes Chartes qui comprennent *dans la Censive* Vitry, les dépendances de son ancienne Châtellenie, Châtillon-sur-Marne & Dormans, *quoique les Habitans ayent été affranchis de la main-morte personnelle*, au lieu que ceux des autres lieux n'ont point de titres d'affranchissemens, *même de la main-morte*; il faut y joindre l'Acte de notorieté du Balliage de Vitry de 1651, le Procès verbal des Officiers de Château-Thierry & dépendances, & l'Acte de notorieté du Bailliage de Rumigny; il faut y joindre le fait certain que tous les Contrats de ventes d'héritages, donations, partages, & autres Actes translatifs de propriété passés dans tous les Bailliages régis par la Coutume, énoncent la Censive & la mouvance.

Et si après des preuves aussi sensibles & aussi frappantes, quelqu'un révoque en doute la Censualité de la Coutume de Vitry, il pourra dire que toutes les Coutumes de France sont allodiales.

Tels sont les raisons & les moyens qui concourent à l'interprétation des articles sur lesquels une partie du Tiers-Etat a essayé de faire naître des doutes.

Le premier de ces articles est le seiziéme. Il porte que *toutes terres tenues & réclamees franches par dix ans entre presens, & vingt ans entre absens, agés & non privilegiés, avec juste titre & bonne foi, sont à toujours franches de Cens, redevances ou servitudes.*

Or l'imprescribilité du Chef-Cens étant certaine, prouvée & reconnue dans la Coutume de Vitry, il s'ensuit que l'article tel qu'il a été rédigé en 1509, ne contient pas une erreur réelle, mais que l'erreur est le fait de ceux qui veulent appliquer la prescription dont il parle à toutes sortes de Cens indistinctement, au lieu qu'elle ne peut s'appliquer qu'aux Surcens & rentes foncieres, comme le remarquent De Saligny & Durand sur cet article, & comme il est justifié par l'Acte de Notorieté de 1651, & autres qui ont été rapportés. D'ailleurs l'article ne sçauroit être entendu du Chef-Cens, puisqu'il excepte *les privilegiés*, tels que le Roi, & par conséquent les Seigneurs, dont le droit est le même. Enfin l'article éxige un Titre qui ne peut être qu'un affranchissement, parce que l'Acte de translation de propriété n'est point un Titre à l'egard du Seigneur pour l'extinction de ses droits.

Ainsi pour trancher la difficulté, il suffira de déclarer la Coutume censuelle, & le Chef-cens sera de droit imprescriptible comme il l'a toujours été.

Cela levera la difficulté que le Tiers-Etat a renouvellée sur l'article 135. qui a pour titre *des Servitudes*, & dont voici les termes, *toutes terres occupées, tenuës & réclamées franches par dix ans entre presens, & vingt ans entre absens, âgés & non privilegiés, avec juste titre & bonne foi, sont à toujours franches & sans servitudes.*

Il n'est pas douteux que l'objet de cette disposition a été de régler les servitudes, & non pas les droits seigneuriaux, tels *que la mouvance & le Chef-cens*, comme le remarque de Saligny : ainsi en limitant l'article à son véritable & seul objet, il n'y a rien à y changer ; l'imprescriptibilité du cens empêchera la confusion de la mouvance., du chef-cens, & de ses prérogatives avec les simples servitudes ; & en cela les deux articles 16. & 135. seront conformes à la lettre & à l'esprit de l'article 49. de la même Coutume non contesté, qui porte que *le Vassal ne prescrit point contre son Seigneur.*

A l'égard de l'article 40. conçû en ces termes, *ou le Seigneur feodal fait saisir le Fief de son Vassal, & ledit Vassal nie que ledit Fief soit mouvant dudit Seigneur, & ledit Seigneur le prouve, ledit Vassal perd son Fief, mais en terres de censives, quand le détemteur & propriétaire nie au Seigneur son cens, & le Seigneur le prouve, le détemteur ne perd pour ce sadite terre* ; il étoit le quarante-huitiéme des anciennes Coutumes de Champagne ; on n'y trouve qu'une différence ? c'est que la peine du desaveu contre le Censitaire comme contre le Vassal, étoit la confiscation, au lieu que dans la rédaction de 1509, le Tiers-Etat a cherché à s'affranchir de cette confiscation pour le desaveu des censives.

Mais il seroit juste de remettre les choses dans leur ancien état ; il n'y a aucune raison qui puisse autoriser la différence ; ou du moins si le parti paroissoit trop rigoureux, il seroit à propos de déclarer que le Tenancier qui desavouera son Seigneur sera condamné en une amende, sans que le Seigneur soit obligé à aucune autre preuve qu'à celle de son enclave, ou à faire voir que le Tenancier n'est point dans la censive d'un autre Seigneur.

Restent les articles 18. & 117.

Les Seigneurs qui ont en leurs terres droit de censive, quand ledit cens porte lods & ventes, vêtures & amendes, lesdits Seigneurs peuvent au moyen dudit droit, prendre & avoir les héritages ainsi chargés, quand on les vend, pour le prix de la venduë, ou si mieux leur semble, ils en auront les lods & ventes selon la Coutume du lieu.

Coutume & usage est audit Vitry, que quand on vend aucuns héritages chargés & redevables de cens fonciers envers le Roi, ou les Eglises dudit lieu, ou autres, l'acheteur est tenu payer les ventes qui est vingt deniers pour livre, & n'en doit aucune chose le Vendeur.

Le titre du premier de ces articles est *Retrait censuel*, le titre du second est *des censives*; l'un donne au Seigneur l'alternative, ou d'exercer le retrait censuel, ou de prendre les lods & ventes; l'autre fixe le montant des lods & ventes; or ces dispositions sont générales, positives & affirmatives; ainsi en les déclarant telles, toutes les subtilités qu'une partie du Tiers-Etat a imaginées s'évanoüiront, le Franc-Aleu ne pourra être admis sans titre, & le droit commun subsistera dans toute sa force.

Voilà à quoi se réduit la contestation qu'une partie du Tiers-Etat a renouvellée en 1743, malgré les preuves de toutes especes qui se réunissoient contre le systême de la franchise universelle, & malgré tant d'Arrêts qui avoient jugé la question.

Les Seigneurs qui connoissoient le véritable caractére de la Coutume, & qui étoient instruits des anciens usages, n'ont point été émûs du faux air de confiance avec lequel cette partie du Tiers-Etat a osé soutenir l'allodialité; ils sçavoient par une longue expérience que tous les Censitaires supportoient avec peine les droits dont les héritages sont chargés; ils n'ont pas été étonnés de les voir redoubler leurs efforts pour parvenir à une franchise qui ne leur coutât que la peine de crier & de parler contre la vérité.

Mais ces clameurs injustes & déplacées peuvent-elles avoir plus de crédit que les preuves invincibles qui sont rapportées par les Seigneurs? Peuvent-elles anéantir un droit & un usage qui remontent jusques aux premiers siécles? Peuvent-elles effacer ces monumens anciens & précieux qui ont été découverts? Peuvent-elles changer les dispositions générales de la Coutume? Peuvent-elles donner atteinte à une Jurisprudence qui est l'ouvrage & l'érudition de tant d'illustres Magistrats? Enfin peuvent-elles détruire cette quantité d'oracles de la sagesse & de l'équité de la Cour qui ont consacré la censualité de la Coutume de Vitry par les dispositions les plus précises, & dans les termes les plus forts?

Si quelques Gens du Tiers-Etat s'en sont flattés, ils doivent ouvrir les yeux sur la force des preuves qui leur sont opposées, & reconnoître leur erreur.

Le desir de l'affranchissement n'est point illicite, quand les voyes employées pour l'acquérir sont légitimes; mais c'est une injustice condamnable, & une rébellion manifeste de refuser aux Seigneurs le payement du cens qui n'est autre chose que la reconnoissance de leur supériorité, lorsque le refus n'est pas accompagné d'un titre capable de l'autoriser.

Alléguer une possession en cette matiére est précisément proposer la prescription du cens; c'est vouloir l'introduire contr'un droit absolument imprescriptible; c'est la proposer contr'un droit qui a les mêmes caractéres que celui du Roi, puisque comme le remarque le sçavant M. Loüet, *les Fiefs en ce Royaume sont venus de la Couronne, & y retournent retenant la nature de leur origine.* Lettre 6. Somm. 21. d'où il conclut que la même raison qui veut que le cens dû au Roi ou à la République ne se prescrive point, a lieu pour le cens dû aux Seigneurs; il ajoute qu'on ne doit point permettre la diminution du cens, ni les conventions qui tendent à libérer le Vassal de la reconnoissance féodale, que l'intérêt du Roi s'y oppose, & que cessant cet intérêt, la Loi du Royaume y résiste; *nulle terre sans Seigneur.*

Si donc la possession ne peut faire un moyen au tiers-Etat, quand même il l'auroit, comment s'arrêteroit-on aux vaines clameurs de quelques cabales de Praticiens qui, sans possession & dans le tems même que la plus grande partie d'entr'eux payoient le Cens, ont osé entreprendre d'affranchir les terrires de plus de deux mille Seigneurs?

Si une pareille entreprise étoit autorisée, le Tiers-Etat parviendroit bien-tôt à acquerir la libération du Cens dans plusieurs Coutumes, & le sort du droit le plus précieux & le plus privilégié seroit entre les mains de ceux qui y sont assujettis:

les Seigneurs seroient dépoüillés par leurs Sujets, & l'exécution de la Loi du Royaume dépendroit du caprice des particuliers. Quel abus plus dangereux & plus pernicieux seroit-il possible d'imaginer ?

Plusieurs Seigneurs de la Coutume de Vitry en éprouvent déja l'effet. Depuis que les Praticiens de Vitry ont répandu qu'ils avoient soutenu l'allodialité, les habitans de la Campagne qui de tout tems avant le Procès verbal de 1744 avoient payé exactement le Cens à leurs Seigneurs, le leur ont réfusé, quoiqu'en 1509 les Seigneurs eussent obtenu la Provision, & que depuis ils eussent joui de la Censive, comme leurs Auteurs en avoient joui dès les tems les plus reculés.

Tel est le fruit des ligues & des cabales du Tiers-Etat.

Il est de la sagesse & de l'équité de la Cour d'arrêter les progrès d'un abus aussi manifeste, & de maintenir le droit commun du Royaume dans une Coutume où il a toujours été observé, & pour laquelle on a rapporté des preuves autentiques & incontestables de la Censualité universelle.

LE CONSEIL SOUSSIGNE', qui a lû la Dissertation faite, pour prouver que le Franc-Aleu ne peut être admis sans titres dans la Coutume de Vitry.

EST D'AVIS que les Chartes, Coutumes, & Ordonnances anciennes qui y sont rapportées démontrent que cette Coutume n'a jamais été allodiale, & que les autres moyens tirés des textes *non contestés* de la Coutume rédigée en 1509, des Lettres de Terrier de 1603, des suffrages des Auteurs, & de la Jurisprudence des Arrêts, assurent infailliblement que la Coutume de Vitry est censuelle, & que par conséquent c'est à ceux qui prétendent posséder en Franc-Aleu, à justifier des affranchissemens de leurs héritages suivant la Loi générale du Royaume.

Délibéré à Paris le 10 Juillet 1745. *Signé.*

COCHIN. GUEAU-DE-REVERSEAUX. DE VAUJOURS.

EXTRAIT

EXTRAIT DES MINUTES DU GREFFE du Bailliage de Château-Thierry.

CEJOURD'HUI 23 Avril 1744, Nous Jean-Maurice Pinterel de Louvercy, Seigneur d'Estampes, Chiery & autres lieux, Conseiller du Roi, premier Président & Lieutenant Général au Bailliage & Siége Présidial de Château-Thierry, Commissaire en cette Partie.

En l'Auditoire Royal dudit Château-Thierry, les Officiers du Bailliage & Présidial, & tous les Officiers Royaux de la Ville, ensemble les Avocats & Procureurs esdits Siéges, les Prévôts des Villes de Neuilly, Saint Front, hors de notre ressort, le Bailly de Fere, & les Baillis & Chefs des Justices Seigneuriales de l'étendue dudit Bailliage & Présidial assemblés.

En vertu de la Commission de Nosseigneurs de Parlement, Commissaires députés, en date du 22 Février dernier, & de notre Ordonnance du Lundy deux Mars suivant, & aussi des originaux d'Exploits donnés par Jacques Huissier, Boucher, de la Haye, Carrie, Lannelet, Maciet, Reguin, Bornet, Moyat, Jullion, Gabin, Carmeau. Cornet, Fortiert, Dorgement, Joardain, Lamy, Vivien & Racelet, Huissiers Royaux, tant de notre Bailliage que du Châtelet, en dates des 28, 30 & 31 Mars, & du 11 du présent mois, controlé *pro Rege*; tant au Bureau de cette Ville, qu'autres de notre Ressort, iceux contenant que les copies imprimées desdites Commission & Ordonnance ont été données à chaque particulier aux fins de comparoître, tant en cette Ville pour les Officiers de Justice seulement, & iceux avec les Seigneurs Ecclésiastiques, les Nobles & autres possédans Justices, Fiefs & Seigneuries avec Censives, les Curés & Syndics des Paroisses, à comparoître au Lundy 27 du présent mois en la Ville de Vitry, avons procédé à rédiger & faire mettre par écrit le seiziéme article de la Coutume de Vitry & ceux qui y ont rapport, après avoir préalablement fait appeller lesdits Officiers & Praticiens l'un après l'autre.

Mᵉ Robert Jean Guinois, Prévôt Royal de la Prévôté de cette Ville, a dit qu'il comparoiſſoit pour député de ſa Compagnie.

Mrs Fournier, de la Lauſſerois, Regnault, Prévôt, & de la Fontaine, pareillement pour députés de l'Election de ladite Ville.

Mᵉ Copineau Grenetier au Grenier à Sel de cette Ville pour les Officiers dudit Grenier.

Mᵉ Herbelin Avocat au Parlement, faiſant les fonctions de Prévôt de la Prévôté Royale de Neuilly, Saint Front, pour les Officiers dudit Siége.

Avons enſuite fait appeller les Baillifs & Chefs de Juſtices Seigneuriales de notre Bailliage, & trouvé défaillans, Mᵉ Vernier Bailly des Juſtices de Berny & Brecy.

Lanin Bailly de Bonne, & la Croix.

Parnuit Bailly de Fere, Beuvarde, Villeneuve-ſur-Fere, Leger.

Du Bois, Bailly de Cierge, Freſne, Courmont.

Bonnefin, Bailly de Condé, le Breuil, Montigny & Monturel.

Naudé, comme Bailly de Corrobert, Jauvillon.

Défaut contre le Seigneur de Courtemont, qui n'a point mis de Bailly depuis la démiſſion de Mᵉ le Givre.

Pareil défaut contre le Seigneur d'Etrepilly, qui n'a point de Bailly en ſa Juſtice.

A l'égard de Mᵉ Perrot Notaire à Montmirel, comme Bailly de la Ville Sous-Orbais, l'Epine-au-Bois, Orbais, a été propoſé d'être excuſé à cauſe de ſes infirmités.

Donnons auſſi défaut contre Mᵉ Henry, comme Prévôt de l'Echelle.

Ropillard, Bailly de Lucy, Moutiers, Priez.

Beauviſage Avocat, comme Bailly de Mareuil en Dolle, Sereuge & Neſle a été propoſé d'être excuſé.

Nande, comme Bailly de . . . . . à cauſe de ſes infirmités; ainſi que le Blanc Bailly de Paſſy l'a été par Mᵉ Touſſaint pour cauſe de maladie.

Défaut contre le Seigneur de Reuilly pour n'y avoir point de Bailly.

Veron comme Bailly de Rozoy, a été proposé être excusé pour cause de Paralisie par M^e. Vesseron.

Chanterel, comme Bailly de Vauxchamps.

Lignard Lieutenant de Vieuxmaisons a été proposé pour excusé pour cause de maladie.

Donnons deffaut contre le Seigneur de Verdun pour n'avoir mis de Bailly en ladite Justice.

Contre tous lesquels Nous comparans avons donné deffaut pour être jugé ainsi qu'il appartiendra.

Surquoi Maître Jean-Louis Beurlé de Champillon, Présiдent au Bailliage & Présidial, a dit (*) que *l'article* 16. contenu en ces termes. Aussi toutes Terres tenues & reclamées franches par dix ans entre présens, & vingt-ans entre absens, & non privilégiés avec juste titre & bonne foi sont à toujours franches de Cens & redevances, ou servitudes, & ainsi on en use, *est contraire à l'usage général & particulier de ce Bailliage, ou les Seigneurs des Fiefs & Seigneuries, avec des Cens, & dont lesdits Fiefs sont circonscrits & limites par Orient, Occident, Septentrion & midy, & sont en possession de papiers terriers sur Lettres Royaux, ledit Cens est imprescriptible, étant de sa nature foncier, auquel cas les Detempteurs d'heritages dans ladite circonscription, doivent faire aparoitre au Seigneur de leurs titres nominatifs de franchises, lesquels le Seigneur ne peut détruire qu'en justifiant du contraire par titres, suivant la disposition de l'Article* 40.

*Premier avis pour la censualité de la Coutume auquel presque tous les Officiers & Praticiens de l'étendue du Baillage ont adheré.

Les termes de l'article 16. *des Terres tenues & réclamées franches par dix ans & vingt ans*, ne doivent point avoir lieu dans le cas où ledit Seigneur justifie de son Chef-Cens & foncier dans l'étendue son Fief, suivant les termes de l'Article 18.

Les articles 19. & 20 qui énoncent qu'il y a au Bailliage de Vitry Franc-Aleu noble & Franc-Aleu roturier, *doivent s'interpreter que pour en jouir il faut justifier : cette justification s'en doit faire par titres & contrats énonciatifs desdites franchises, suivis d'une possession au moins de quarante années* : ce qui se trouve contraire aux dispositions de l'article 135, dont les termes sont tous semblables à l'Article 16.

L'article 117. prouve qu'il y a des héritages qui sont de droit chargés de Cens; pourquoi il estime que l'article 16. doit être rédigé & mis par écrit en ces termes, *toutes Terres & heri-*

tages tenus & possédés dans l'étendue d'une Seigneurie ou Fief ayant Censives, ne peuvent être réputés francs, qu'en Justifiant par justes titres de ladite franchise pendant quarante-ans au moins entre âgés & a signé enfin Beurle de Champillon.

Par Maître Louis Genée de Brochot Conseiller du Roi, Lieutenant-Général-Criminel, au Bailliage & Siége-Présidial de cette Ville a été dit qu'il estimeroit que les articles 19 & 20 ne contenant que des définitions, ils devroient demeurer comme ils sont rédigés en la Coutume publiée en 1509, & a l'égard des articles 16, 18, 40, 117 & 135. Il penseroit qu'ils devroient être rédigés de la maniere que ci-après ils sont mis par écrit.

Second avis qui n'a point été suivi.

ARTICLE 16.

Aussi tous les héritages sont réputés de Franc-Aleu, si par titres il n'est prouvé au contraire, & les héritages chargés d'aucuns droits, tels qu'ils soient, sont tenus & réclamés francs par dix ans entre présens, & vingt-ans entre absens âgés, & non privilégiés avec juste titre de propriété & bonne foi, & sont libres & déchargés de Cens, redevances, servitudes quelconques, & autres droits, excepté du Cens Seigneurial & foncier, lequel duëment prouvé par titres, est imprescriptible.

ARTICLE 18.

Les Seigneurs qui ont en leurs Terres droits de censives, quand ledit Cens porte lods & ventes, vêtures & amendes, & que lesdits Seigneurs le prouvent par titres, ils peuvent au moyen dudit droit prendre & avoir les héritages ainsi chargés quand on les vend, pour le prix de la venduë, si mieux ils n'aiment les lods & ventes selon la Coutume.

ARTICLE 40.

Si le Seigneur féodal fait saisir le Fief de son Vassal, & que ledit Vassal nie que ledit Fief soit mouvant dudit Seigneur, & que ledit Seigneur prouve le contraire par titres, le Vassal perd son Fief: mais en terres de censives, quand le détempteur & Propriétaire nie au Seigneur le Cens, & que le Seigneur le prouve par titres, le détempteur ne perd pour cela sadite Terre.

ARTICLE 117.

Coutume est audit Vitry que quand on vend aucuns héritages, chargés & redevables de Cens fonciers, l'acheteur est tenu payer les ventes à raison de 20 deniers pour livre, & n'en doit aucue chose le Vendeur ; pourvû néanmoins que tous Seigneurs autres que le Roi, prouvent par titres ledit Cens foncier, & qu'il porte lods & ventes.

ARTICLE 135.

Tous héritages occupés, tenus & réclamés francs par 10 ans entre présens, & 20 ans entre absens, âgés & non privilégiés avec juste titre de proprieté & bonne foi, sont à toujours francs & sans servitudes, sous l'exception de l'article 16. *suprà*, ainsi on en use, & a signé. Signé enfin en la minute des presentes, GENE'E DE BROCHOT, avec paraphe.

De la part de Mes Jobert & du Poncet, ont dit être * du sentiment de M. De Champillon, & ont signé, après qu'ils ont dit, *qu'il est de l'avantage du Public que les héritages ne soient point en Franc-Aleu, & relevent des Seigneurs des lieux où ils sont situés.* signé en la minute, JOBERT & DU PONCET.

* Pour la Censualité.

De la part de Mes Gallien Conseiller, Avocat du Roi, Pinterel Conseiller, Procureur du Roi, & Sutil Substitut des Gens du Roi dans toutes les Jurisdictions, a été dit, qu'ils sont de l'avis de M. le Lieutenant Criminel, à l'exception de Me Sutil, qui est de celui de Mrs De Champillon & Jobert, * & ont signé. Signés en ladite minute, GALLIEN, PINTEREL, & SUTIL.

* *Idem.*

De la part de Me Guinois Prevôt, * a été dit, qu'il estimoit que l'article 16. devoit être rédigé de la maniere qui suit.

* *Idem.*

Aussi toutes Terres tenues & reclamées franches par dix ans entre présens, & vingt ans entre absens âgés & non privilégiés avec juste titre & bonne foi, sont à toujours franches de cens & redevances & servitudes, *dans le cas que ledit Cens ne soit pas Seigneurial & n'emporte pas lods & ventes.*

L'ARTICLE 40 en ces termes :

Ou le Seigneur féodal fait saisir le Fief de son Vassal, & ledit Vassal nie sa mouvance, ledit Vassal perd son Fief, *à moins qu'il n'est pas mouvant du Seigneur.*

L'ARTICLE 135.

Toutes Terres occupées, tenues & réclamées franches par dix ans entre présens, & vingt ans entre absens, âgés & non privilégiés, avec juste titre & bonne foi, sont à toujours franches & sans servitude, *dans le cas que ledit Cens ne soit pas*

Seigneurial & n'emporte pas lods & ventes, & ledit Me Guinois a signé en la minute des Présentes.

* *Pour la Censualité.* De la part de M M. de l'Election, ont dit * être du sentiment de M. de Champillon, à l'exception de M M. Prévôt élû & de la Fontaine, Procureur du Roi, qui ont dit être du sentiment de M. le Lieutenant Criminel, & ont signé, signés en ladite minute, DE LAUSSERROIS, REGNAULT, PREVOT, FOURNIER & DE LA FONTAINE.

De la part de M M. les Officiers du Grenier à Sel de Château-Thierry, représentés par ledit Me Copineau, ont dit * être du sentiment de Messieurs de Champillon & Jobert, & à signé. Signé COPINEAU. * *Idem.*

* *Idem.* De la part de Me le Blanc Doyen des Avocats, a dit * être du sentiment de Messieurs de Champillon & Jobert & a signé en ladite minute.

De la part de Mes le Girre, Huet, du Fresnay & Regnault Avocats, du sentiment de M. le Lieutenant Criminel, & ont signé, Me Dufresnay ayant ajouté la prescribilité du Cens.

De la part de Mes Cheronnet, Laseur, Charpentier, Desprez, Bardot, (Bresmontier, Procureur Ducal du Duché de Château-Thierry) & Perrot, tous Procureurs ès Siéges Royaux de cette Ville, ont déclaré * être du sentiment de Messieurs de Champillon & Jobert, à l'exception de Me Cheronnet Doyen, qui a dit être du sentiment de M. le Lieutenant Criminel, & ont signé en la minute. * *Idem.*

De la part de Me Allongé, Lieutenant Général de Montmirel, qui consiste dans les Paroisses dudit Montmirel, Malvou, Courboin, Fontenel, Marchais, le Viffort, a dit * être du sentiment de Messieurs de Champillon, Jobert & du Poncet, & a signé en la minute. * *Idem.*

De la part de Me Herbelin Avocat, représentant le Prevost de Neuilly, a dit être du sentiment de M. le Lieutenant Criminel, & a signé.

De la part de Me Bresmontier Bailly de Gandeluc, Veuilly, Hauterenne, Saint-Gengoulph, Basseure, Belleau, Chivry, Vaux-sous-Concourt & Marigny, a dit * être du sentiment de M. de Champillon, & a signé en ladite minute. * *Idem.*

De la part de Me Rimbert Bailly de Saulchery & Nogent, a dit être du ſentiment de M. de Champillon, * & a auſſi ſigné. * *Idem.*

De la part de Me Vaſſeron Bailly de Bleme, a dit être du ſentiment de M. de Champillon, * & a auſſi ſigné. * *Idem.*

De la part de Me Couvreur Bailly de Grizolles & Lieutenant de Coincy, a dit être du ſentiment de M. de Champillon, * & a auſſi ſigné. * *Idem.*

De la part de Me Tournant Bailly de Montreuil-aux-Lions, Citry, Verdelot & Boureche, a dit être du ſentiment de M. de Champillon, * & a auſſi ſigné. * *Idem.*

De la part de Me Cretel Bailly de Dumart, a dit être du ſentiment de M. de Champillon, & a auſſi ſigné.

De la part de Me Touſſaint, comme Bailly des Juſtices de Roncheres, le Charmel, Trelon, a dit être du ſentiment de M. de Champillon, * & a ſigné. * *Idem.*

De la part de Me Saint-Lecq, comme Bailly de S. Aignan, a dit être du ſentiment de M. de Champillon, * & a ſigné. * *Idem.*

De la part de Me Dufour, comme Syndic de la Paroiſſe de Saint Eſprit de Château-Thierry, a dit être du ſentiment de M. de Champillon, * & a ſigné en ladite minute. * *Idem.*

De la part de Me Cheron de Sommelun, a dit être du ſentiment de M. le Lieutenant Criminel, & a ſigné.

Et ledit Me Legire, comme Bailly de Gland-les-Greves, Tilrot, Heurtebize & dépendances deſdites Terres, & encore d'Epaux, Eſſomes, Foſſay, Mont-Saint-Pere & lès-Bordeaux, a expliqué ſon ſentiment, comme Avocat, & a ſigné.

Ledit Me Leblanc, comme Bailly de Berales, a perſiſté dans le ſentiment qu'il a ouvert comme Avocat, * & a ſigné. * *Idem.*

Ledit Me Huet, comme Prevoſt de Chezy & la-Chapelle-ſur-Chezy, a perſiſté dans le ſentiment qu'il a ouvert comme Avocat, & a ſigné.

Ledit Me Regnault, comme Bailly de Bonneuil & Verdilly, a perſiſté dans le ſentiment qu'il a ouvert comme Avocat, & a ſigné.

Ledit Me Sutil, comme Bailly de Valſecret & Corribert, a perſiſté dans le ſentiment qu'il a ouvert comme Substitut des Gens du Roi, * & a ſigné. * *Idem.*

Ledit Me Charpentier, comme Bailly d'Essones, Nogentel, Nesle & Espieds, a persisté dans le sentiment qu'il a ouvert
* Idem. comme Procureur, * & a signé.

Ledit Me Desprez, comme Bailly de Beaulne & Barzy,
* Idem. a persisté dans le sentiment qu'il a ouvert comme Procureur, * & a signé.

Remy Jacob, comme Bailly de Toráil & Courbetier,
* Idem. dit être du sentiment de M. de Champillon, * & a signé.

Antoine Gobris, comme Bailly de Montigny dans la Paroisse de la Croix, a dit être du sentiment de M. le Lieutenant Criminel, & a signé.

Nicolas Notte, comme Bailly de Villers, Domptin & Mé-
* Idem. ry, a dit être du sentiment de MM. de Champillon & Jobert,* & a signé.

Et à l'instant est comparu ledit M. Henry, Bailly de l'Eschelle, lequel a requis défaut être rabattu, attendu sa présence, & a dit être du sentiment de MM. de Champillon & Jobert, * & a signé en ladite minute.

Sur quoy nous avons donné Acte des avis & sentimens des Officiers Royaux, Avocats & Procureurs, & autres Offi-
* Idem. ciers de Justice; & à notre égard, * estimons que les avis ouverts par MM. de Champillon, Jobert, Duponcet & Guinois, sont conformes à l'usage de ce Bailliage, & que l'art. 16 ainsi que les autres qui y ont rapport, doivent être rédigés, ainsi qu'ils ont été par eux rapportés; ordonnons que l'original de la Commission de Nosseigneurs de Parlement, Commissaires députés, ensemble celui de notre Ordonnance, resteront attachés à la minute de notre présent Procès-verbal, pour du tout être expéditions délivrées par notre Greffier, & être représentés suivant les ordres de Nosseigneurs les députés & avons signé avec Thomas Maciet notre Greffier ordinaire. Ainsi signé en la minute des Présentes, Pinterel, de Louvercy & Maciet Greffier avec paraphe; & à côté est écrit: délivré à M. le Procureur du Roi avec paraphe; & au dessous est encore écrit:

Présenté au Bureau des Domaines du Roi à Château-Thierry pour la perception de quelques droits, comme il s'agit de la Police, néant pour la perception d'iceux. Le 16 Mars 1745. signé *Desprez* avec paraphe.

www.ingramcontent.com/pod-product-compliance
Ingram Content Group UK Ltd.
Pitfield, Milton Keynes, MK11 3LW, UK
UKHW012042240726
13965UKWH00003B/979

9 782013 049818